Thomas Baumann
und Roger Schmelzer

So werde ich Kölner

Die 3-Monate-Blitzmethode

Thomas Baumann
und Roger Schmelzer

So werde ich Kölner

Die 3-Monate-Blitzmethode

Droste Verlag

blablabla blablabla blablabla blablabla blablabla blablabla blablabla blablabla blablabla

Am Anfang

war das Buch. Und am Anfang waren zwei Autoren. Doch das Buch war wüst und leer. Und die Autoren waren wüst und voll.

blablabla

Da sprach ein Düsseldorfer Verleger: „So schreibt mir etwas in dieses Buch hinein! Aber etwas Wichtiges! Was die Menschen bis in alle Zeiten erfreuen und erquicken wird. So gehet hin und schreibet über eine wichtige Stadt."

Und so wurde beschlossen, dass es ein Buch über Köln und die Kölner werden solle. Denn die Autoren wussten, was wirklich wichtig ist auf Gottes runder Erdenkugel: Die Stadt, die sich da Kölle nennt. Dort wohnten sie nämlich seit Langem und kannten jeden Stein beim Vornamen.*

Am zweiten Tage sprach der Verleger: „Viele Menschen werden so werden wollen wie die Menschen in dem Buch. Wir sollten ihnen dabei helfen."

Da aber sprachen die Autoren: „Hochheiliger Verleger oben im Geldhimmel: Das ist schwerer, als du denkst." Und sie fürchteten seinen Zorn!

Der Verleger jedoch erwiderte: „Mein Verlegerwille geschehe." Verdammt noch mal.

Und die Autoren füllten das Buch über Köln. Sie füllten es mit Wissen für die Menschen, die keine Kölner waren, die es aber werden wollten, auf dass aus ihnen gute „Imis" würden.

*Die meisten hießen „Tünnes", einige aber auch „Schäng" oder „Jupp".

Was „Imis" sind? Das ist eine der vielen Sachen, die man in diesem Buch erfährt. Genauso wie es Aufschluss gibt über all das Wunderliche und Sonderbare, mit dem die Stadt Köln den Unbedarften immer wieder erstaunt:

- den FC
- die Fans vom FC
- die KVB
- die Rolltreppen von der KVB
- die Schäl Sick
- den Nubbel
- das Büdchen
- den Brüsseler Platz
- den lustigen Schnäuzer
- die lustige Verkehrsplanung
- und vieles, vieles mehr.

Und die Autoren lachten und schrieben und schrieben und lachten. Und es wurde Tag und es wurde Nacht. Und das Buch war voll bis obenhin.

Und der Verleger sah, dass es gut war!

Und die Autoren gingen ins Früh em Veedel und bestellten einen Kranz Kölsch, der bis heute nicht leer wird. Und darum sitzen sie dort heute noch. Seltsam? Doch so steht es geschrieben!

blablabla blablabla

Die Autoren

blablabla blablabla

Thomas Baumann und Roger Schmelzer
Im Jahre des Herrn 2016, zurzeit telefonisch nur furchtbar schlecht zu erreichen, aber glücklich.

blablabla blablabla

Das Kölner Nachtleben

Zzzülpischer Strasse, voll die P-parddy, ey. Jetsss Sssüdstadt? Oddawas?
Ssssupa, dddie Mo-ji-jijitos inna Fiffi-Bar. Schbinnoch abba noch voll nü-nü-nüschtern!
WosimmerhierAlterundwiesimmahergekommmm? ScheissdieWandanissdasetwaPORZ???!!!

Dat es drin:

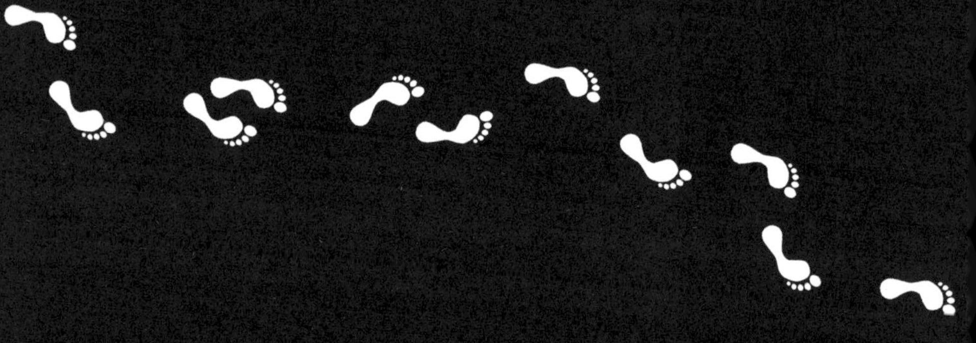

LEKTION 1
DES TAGES

Kölsche Sproch

**Sprechen Sie Kölner Dialekt in fünf Schritten. –
Schwaade Se Kölsch in fümf Schritte.**

Beachten Sie hier: Sprechen heißt schwaade. Nicht umsonst umhüllen die Kölner den Inhalt dessen, was Sie sagen mit rätselhaften Urlauten. Einfach clever.

1. Gehen Sie zur Metzgerei Froitzheim in der Landmannstraße in Neuehrenfeld und fragen Sie die Verkaufskanonen hinter der Fleischtheke: „Is dat Blotwoosch oder Flönz?“ Nehmen Sie den Fachvortrag heimlich mit dem Smartphone auf und schicken Sie ihn an den Express mit der Frage, ob das denn wirklich echtes Kölsch ist.
   Sie bekommen eine Antwort, eine Erklärung und eine gratis Übersetzung dazu. So und ähnlich füllt der Express nämlich seine Seiten.
2. Lernen Sie, so liberal mit der Wahrheit umzugehen, wie es die Einheimischen seit Jahrtausenden praktizieren. Die hillije drei Könije? Ja, zo Fooß sin se nit noh Kölle jejange. Ävver he sin se, dat steiht fäss. Worom jäb dat sons dä Dom? Beachten Sie, wie Logik, Genialität und Sprache Hand in Hand gehen.
3. Treten Sie in die Akademie für uns kölsche Sproch ein, lassen Sie alle bisherige Grammatik dahinfahren und schreiben Sie rein nach Gehör, denn „so jehört sisch dat!“
4. Gehen Sie zum 1. FC Köln, auch wenn's weh tut, aber hier geht es schließlich nicht darum, guten Fußball zu sehen. Die Melodien der Gesänge sind sehr einfach. Singen Sie die Vokale mit. Die FC-Hymne zum Beispiel ist eine Coverversion von „Loch Lomond“ und geht so:

   Eöeieoeuuoe.
   eooi-FC Kölle!
   Ueoeieeiuueüe
   a-ei-euoi-FC Kölle!

5. Gehen Sie nun zur Abschlussprüfung vor Ort. Im Früh am Dom bestellen Sie sich zum Warmwerden einen Kranz Kölsch. Sie werden staunen, wie viele „Fründe" (Mittrinker) Sie in Windeseile haben. Alsbald beginnen Sie zu nuscheln und die Sprache Ihrer Fründe wird immer uriger. Auch wenn Sie zunächst kein Wort verstehen, nuscheln Sie einfach nach, was die anderen nuscheln. Allmählich deformiert sich Ihre Mundmuskulatur von ganz allein. Jratuliere!

WORT DES TAGES

Schwadlappe

Mensch, der sich möglicherweise intensiv um Stil und Verschwiegenheit bemüht, dem dies jedoch nur in sehr geringen Anteilen gelingen mag. Beispiel: „Halt ding Schnüss, do Schwadlappe!"

SATZ DES TAGES

Wenn dä stirv, möht mer demm sing Muul extra dutschlage.

Falls ein Mensch außerplanmäßig und vorzeitig ablebt, ist es geboten, für die ewige Ruhe sämtlicher Körperteile zu sorgen, auch der Mund möge mit Gottes Gnaden für immer schweigen.

FREIZEIT-TIPP DES TAGES

Akademie för uns kölsche Sproch

Im Mediapark 7, 50670 Köln, Tel. (02 21) 88 89 52 00, mit Bibliothek, Kursen und allgemeinen Veranstaltungen

PROMINENTER DES TAGES

Henning Krautmacher

Oberhuhn. Ja, do simmer dabei!

Tag 1

LEKTION 2 DES TAGES

Erste Hilfe für den Imi

Als „Imi" werden in Köln all diejenigen bezeichnet, die nicht in der Stadt geboren, sondern zugezogen sind. Das ist keine verschämte Minderheit: Mehr als die Hälfte der Kölner ist nicht von hier. Die Abkürzung „Imi" stammt nicht – wie man oft annimmt – von Immigrant, sondern von „Imitierter", da der Kölner, dem es traditionell nicht an Selbstbewusstsein mangelt, von vornherein davon ausgeht, dass jeder Neubürger verzweifelt versuchen wird, die Lebensart der Einheimischen nachzuahmen – und damit hat er natürlich recht.

Als Imi hat man es gerade in der Eingewöhnungszeit oft nicht leicht. Hier ein paar nützliche Tipps für den Alltag:

- Manchmal wird Sie vielleicht der Wunsch überkommen, Musik zu hören, in denen die Worte *„Kölle"*, *„herrlisch"*, *„viva"*, *„fiere"* und *„alaaf"* nicht vorkommen. Also zum Beispiel Soul, Blues, Jazz, Reggae oder Klassik. Das ist zwar widernatürlich, aber hey – niemand ist sofort perfekt. Geben Sie sich Zeit! Zum Übergang hören Sie die „Bläck Fööss", da haben Sie alles in einem.
- Hin und wieder werden Sie den Drang verspüren, sich *nicht* in einer größeren Gruppe von Menschen aufzuhalten. Auch hier sollten Sie sich nicht allzu schuldig fühlen. Denken Sie dran: Es geht Ihnen immer noch besser als den zugewanderten Ostwestfalen. Die halten oft schon die Existenz anderer Leute an sich für überflüssig.
- Gelegentlich werden Sie den ganz und gar irrationalen Wunsch haben, sich *nicht* mit der Frau, die Ihnen morgens Ihr Brötchen verkauft, auf ein ausgedehntes Schwätzchen einzulassen – und das nur, weil Sie einen karriereentscheidenden Termin verpassen oder die Operation, die Ihr Leben retten

wird. In diesem Fall wenden Sie eine Methode aus der Verhaltenspsychologie an: Sie verlassen die Stadt und beziehen eine Einsiedelei auf den abgelegenen Höhen des Nanga Parbat. Dort verbringen Sie die nächsten zwanzig Jahre in absolutem Schweigen, kehren dann zurück, gehen wieder in die Bäckerei und setzen das unterbrochene Schwätzchen fort. Sie werden jetzt sehen: Es geht nichts, wirklich nichts, über ein schönes Verzällcher. Na also!

WORT DES TAGES

Minsch

Mensch

SATZ DES TAGES

Wir haben nichts gegen Fremde, aber diese Fremden sind nicht von hier.

FREIZEIT-TIPP DES TAGES

Fahren Sie in die alte Heimat, egal wo das ist.
Kaufen Sie dort morgens Brötchen, gehen Sie abends mutterseelenallein in eine Kneipe und suchen Sie nachts um drei nach einem Büdchen – das Gefühl, das sich nun einstellt, können wir Ihnen erklären: Sie haben Heimweh nach Köln.

PROMINENTER DES TAGES

Littbarski

Muster-Imi. Eigentlich ein waschechter Berliner, kam erst mit achtzehn nach Köln und wurde sofort adoptiert. Schon nach seiner ersten Saison galt Litti als echter kölscher Jung.

Tag 2

LEKTION 3 DES TAGES

Kleine Veedelskunde

Die meisten Großstädte wuchsen aus vielen kleinen Gemeinden zusammen, deren Eigentümlichkeiten zumindest teilweise erhalten blieben. Doch das Veedel ist mehr als ein Stadtviertel. Hier kann man vergessen, dass man in einer Millionenstadt wohnt (was natürlich etwas widersinnig ist, hat doch Köln einen jahrzehntelangen Kampf darum geführt, den Status einer Millionenmetropole zu erringen). Hier holt man sich seine Zeitung im Büdchen und sein Gemüse beim Türken, man geht in die Kaffeebud oder zur „Weetschaff op d'r Eck". Und hier bewegt man sich nur weg, wenn man es nicht mehr vermeiden kann.

Hier ein Überblick über ein paar der beliebtesten Veedel:

Ehrenfeld: Altes Arbeiterviertel und eigentlich viel zu groß, um als Veedel im kölschen Sinn durchzugehen. Heute türkisch-studentisch-kreativ, die Gentrifizierung läuft aber bereits an.

Belgisches Viertel: Noch kreativer als Ehrenfeld, aber ohne Türken. Ist heute schon da, wo Ehrenfeld in zwanzig Jahren sein wird.

Eigelsteinviertel: Schmuddelviertel in Bahnhofsnähe, aber wie überall in Köln – man muss es einfach gernhaben.

Südstadt: War in den Siebziger- und frühen Achtzigerjahren das, was Ehrenfeld heute ist: das coolste Szeneviertel. Heute immer noch von denselben Leuten bewohnt, die aber irgendwann mit Ende dreißig aufhörten, coole Szenetypen zu sein.

Kwartier Latäng: Junge-Leute-Viertel in Uninähe. Bunt und billig. Früher studentisch-alternativ, heute voller Massentränken, um die an Wochenendabenden aus dem Umland einfallenden Partyhorden aufzunehmen.
Mülheim: Ehemals Industriebezirk, jetzt Heimat von Medienfirmen und Künstlern. Dazu die Keupstraße, ein Zentrum türkischen Lebens in Köln. Zeigt, dass selbst wenn man sich auf der falschen Seite des Rheins befindet, noch nicht alle Hoffnung verloren ist.
Kalk: Wie Mülheim, nur ohne Medienfirmen, Keupstraße und Hoffnung.

WORT DES TAGES

Klaafe

Plaudern, schwatzen

SATZ DES TAGES

Mer blieven, wo mer sin, schon all die lange Johr, en uns'rem Veedel.

Wir bleiben, wo wir sind, schon all die langen Jahre, in unserem Veedel.
(Text der Bläck Fööss)

FREIZEIT-TIPP DES TAGES

Schauen Sie sich mal in Nippes um. Das hat nicht mehr in die Liste gepasst, ist aber auch immer einen Besuch wert.

PROMINENTER DES TAGES

Tommy Engel

Bis 1994 Frontmann der Bläck Fööss und damit führender Veedelsphilosoph Kölns.

Tag 3

LEKTION 4 DES TAGES

Klima

Luft: Die Kölner Bucht hat den enormen Vorteil, dass sie auf keinen Fall zu viel frische Luft hereinlässt, denn wer weiß, was die enthält? Frische Luft kommt in Deutschland aus dem Westen, das hat Tradition. Aber Rheinbraun bläst den Kohlestaub von Kerpen und Bergheim aus in jene Kölner Stadtteile, die anderswo als begünstigt gelten würden – die westlichen.

Regen: Ganz gleich zu welcher Tageszeit, ganz gleich an welchem Wochentag, ob Sie etwas zu erledigen haben oder nicht – Sie setzen sich *sofort* ins Auto und fahren alle großen Verbindungsstraßen ab, um zu sehen, ob es denn auch wirklich überall regnet.

Schnee: Bekannt aus Film und Fernsehen. Falls doch einmal Schnee auftritt, wird er mit vereinten Kräften in Schneematsch verwandelt, ein höchst komplizierter physikalischer Vorgang, zu dem man private Pkw in großer Zahl einsetzt.

Sommer: Mindestens zwei Wochen pro Jahr findet der Sommer aus Solidarität mit unseren arabischen Brüdern in Wüstenform statt, mit sechsunddreißig Grad plus. Die Expressschlagzeilen dazu lauten „Affenhitze“, „Kölle heißer als Dschibuti“ oder sogar „Die Wüste lebt – am Neumarkt!“

Das Kölner Normalwetter heißt „Suppe“, diesig-trübe Luft mit hoher Feuchtigkeit und einer Temperatur, die immer mit den Worten beginnt: „Für die Jahreszeit zu ... warm, kalt, heiß, feucht.“ Einzigartig auf diesem Planeten ist die Kombination aus kühl und schwül. Achtzehn Grad, aber schwül.

De leeve Jott es jeck. Daher kennen Sie die Kölner Kleidungsregeln aus dem Effeff: Im Winter hat man immer ein T-Shirt mitzuführen, auf dem „kölsch Mädche" steht (Geschlecht bei Bedarf anpassen).

Im Frühjahr lassen Sie sich nichts vormachen und wissen, es hat keinen Sinn, den Winterpullover wegzupacken und kaufen im Schlussverkauf zur Sicherheit noch zwei, drei Regenschirme dazu. Im Sommer kennen Sie die berühmte kölsche Regel: „Wer rastet, der frostet." Aber **merke:** Badekleidung immer drunter, nie drüber tragen!

Der Herbst, der Herbst ist kühl und allerderbst. Mit anderen Worten: Sie sind das ganze Jahr auf alles gefasst und freuen sich darüber.

WORT DES TAGES

Usselig

Nass plus kalt plus windig, quasi worst of the worst

SATZ DES TAGES

Drieß op d'r Driss.

Scheiß auf den Scheiß.

FREIZEIT-TIPP DES TAGES

Die App mit der Wettervorhersage op Kölsch installieren.

PROMINENTER DES TAGES

Sven Plöger

Der Bönnsche hat in Köln Meteorologie studiert und gewann den Preis als bester deutscher Wettermoderator auf dem Extremwetterkongress (sic).

LEKTION 5 DES TAGES

Dombesuch mit Verwandten

Neu in der Stadt, und wenn Sie nach dem Einwohnermeldeamt denken, Sie hätten bereits die siebte Hölle des Dante gesehen, kündigt sich die schlimmste und erbarmungsloseste aller Plagen an: Verwandtenbesuch!

Am Zülpicher Platz haben Sie Mühe, Onkel Heiner davon zu überzeugen, dass die Herz-Jesu-Kirche *nicht* der Dom ist. Halten Sie Tante Gerda davon ab, das Domforum besichtigen zu wollen, ansonsten bekommen Sie sie nie von den „netten Leuten" an der Info weg, bevor der eigentliche Dom schließt. Überzeugen Sie Onkel Heiner, dass „Dom Kölsch" woanders gebraut wird, außerdem nicht gerade zu den delikatesten Sorten gehört. Führen Sie die krumme und bucklige Verwandtschaft schnurstracks zur Stelle neben Café Reichard, von wo aus man den ganzen Dom in voller Länge inklusive Baugerüst fotografieren kann. Wenn Cousine Ellen während des ganzen Besuchs über Domradio per Kopfhörer lauschen will ... soll sie doch. Solange kann sie wenigstens keine doofen Fragen stellen. Verpassen Sie gezielt die dröge Schatzkammerführung, bei der man gesagt bekommt, dass sich hinter jener Tür weiß Gott sehenswerte Dinge befinden. Umgehen Sie durch geschickte Terminierung auch ein endloses Orgelkonzert. Instruieren Sie Onkel Heiner vorab, dass er die Domschweizer nicht auf Schwyzerdütsch anreden soll.

Nun zum Höhepunkt, der Dombesteigung. Lenken Sie Tante Gerda von ihrer Höhenangst ab, indem Sie völlig sinnlos alle Kardinäle aufzählen. Oben angekommen, bitten Sie den Aufseher, Ihnen einen Putzlappen zu geben, um das Erbrochene von Tante Gerda aufzuwischen. Dass ausgerechnet mitten am Tag aber auch das Zwölf-Uhr-Läuten sein muss, wenn Sie am

Glockenstuhl vorbeikommen, ahnt man ja nicht. Prahlen Sie vor der Verwandtschaft mit der herrlichen Aussicht auf die Bayerwerke in Dormagen, auf das Braunkohlekraftwerk Niederaußem, auf die Bayerwerke in Leverkusen, die Raffinerie in Godorf. Man wird es Ihnen danken.

Zum Abschluss wischen Sie allen Verwandten die Taubenkacke von den Schultern.

WORT DES TAGES

BAP

Die sozialpädagogischsten aller Kölschrocker heißen auf Deutsch „Vater".

SATZ DES TAGES

Annemie, isch kann nie mieh!

Der Stoßseufzer von Reality-Serienheld Fred Fußbroich an seine Frau ist zum geflügelten Wort geworden.

FREIZEIT-TIPP DES TAGES

Gaststätte „Bei d'r Tant"

Institution in Neumarktnähe mit websiteverbriefter Schunkelmöglichkeit und Mitsingoption

PROMINENTER DES TAGES

Vater Kelly

Er lag mit seinem Boot und seinen zwölf Kindern lange in Köln am Rheinufer und huldigte wie es sich gehört den pickelbewehrten Fans.

Tag 5

LEKTION 6 DES TAGES

Die Stadt der tausend Ampeln

Es erscheint auf den ersten Blick paradox, dass der freiheitsliebende Kölner seine Stadt mit rund tausend Ampeln zustellt, von denen ein guter Teil komplett unnötig ist. Dies gilt allerdings nur, wenn man davon ausgeht, dass die Errichtung von Ampeln vorrangig dem Zweck der Verkehrssicherheit dient. Doch dabei handelt es sich um eine Fehlannahme: In Wirklichkeit ging es der Stadtverwaltung vor allem darum, ihrer kontaktfreudigen Bevölkerung auch im Straßenverkehr Gelegenheiten für ein ausgiebiges Schwätzchen zu geben und für ein geselliges Miteinander zu sorgen. Die teils mehrminütigen Rotphasen sorgen dafür, dass man sich während seines Wegs durch die Stadt größtenteils im Stillstand befindet, dabei den Verkehr ignorieren und sich stattdessen seinen Mitmenschen widmen kann.

Als Fußgänger findet man sich zum Beispiel an einigen Ampeln in der Luxemburger Straße schnell in einer unüberschaubar großen Menschentraube wieder, die darauf wartet, irgendwann in unbestimmbarer Zukunft die Straße überqueren zu dürfen. Die alten Hasen haben Klappstühle mitgebracht, die Eigenbrötler blättern in Druckerzeugnissen (ein Anwohner dort hat es einmal geschafft, „Krieg und Frieden“ innerhalb von drei Wochen durchzulesen – und zwar ausschließlich, während er an Ampeln wartete). Wer Kontakt sucht, findet sich schnell in ein zwangloses Gespräch vertieft.

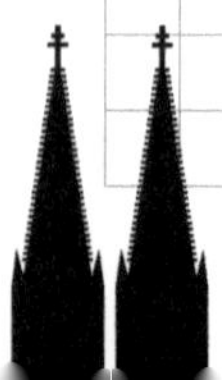

Und die gute Nachricht: Die endlosen, häufig weder an Tageszeit noch an Verkehrsaufkommen angepassten Ampelschaltungen werden noch eine Zeit lang erhalten bleiben. Dank der völlig veralteten Technik, die noch aus den Achtzigerjahren des letzten Jahrhunderts stammt, können die Ampeln nur einzeln unter großem Aufwand umgestellt werden, und nicht wie in so gut wie allen anderen Städten per Knopfdruck in der Zentrale. Also, auf zur Richard-Wagner-Straße – stellen Sie sich an eine Kreuzung, warten Sie auf Grün und erzählen Sie dem Typen neben Ihnen Ihre Lebensgeschichte. Lassen Sie ja nichts aus – Sie haben jede Menge Zeit!

WORT DES TAGES

Rut

In Köln auch ein Frauenname, aber vor allem: rot

SATZ DES TAGES

Küss de hück nit, küss de morje.

Kommst du heute nicht, dann kommst du eben morgen.

FREIZEIT-TIPP DES TAGES

Machen Sie einen ausgedehnten Einkaufsbummel durch die Fußgängerzone. Hier halten Sie garantiert keine Ampeln auf – nur unüberschaubar dichte Menschenmassen.

PROMINENTER DES TAGES

Werner Höfer (1913–1997)

„Internationaler Frühschoppen".
Seine Moderationen hatten in etwa die Schnittigkeit der Kölner Ampelschaltungen.

LEKTION 7 DES TAGES

Was mache ich als Frau am Rosenmontag?

In aller Herrgottsfrühe fragen Sie den Kerl im Bett neben sich, ob er Ihnen Frühstück macht, und wie er heißt. Vorgestern Abend war der Geisterzug, was allerdings kaum erklärt, wieso Sie auch vierundzwanzig Stunden später im Badezimmerspiegel ins Gesicht eines Monsters schauen. Hastig frühstücken Sie zwei Kölsch und einen Metthappen, während Sie sich anziehen. Jetzt, wo Sie im Treppenhaus feststellen, dass Sie seine Kleider angezogen haben, ist es auch schon egal. Es ist Karneval. Sie überlegen ernsthaft, ob Sie bei einem der regionalen Backprodukt-Surrogat-Läden Kamps, Heinemann oder Merzenich ein paar Röggelchen mitnehmen sollen, aber ob sich deswegen um halb sechs morgens eine Anzeige wegen Einbruchs lohnt?

Zuhause angekommen, pumpen Sie sich den Magen mit Aspirin voll. Von der Zwei-Kilo-Vorratspackung müsste noch ein Rest da sein. So lange ist Altweiber ja nun auch noch nicht her. Um auf Nummer sicher zu gehen, haben Sie sich für das Kostüm „Griet“ entschieden, also: alles in Rot-Weiß. Dass die Schminke später zu Rosa verschmiert, wenn Sie der zehnte Gummersbacher abgeschlabbert hat, nehmen Sie in Kauf. Um den gestrigen Abend zu übertünchen, legen Sie eine zweite Schicht Rot-Weiß auf. Sie hasten aus dem Haus, Entwässerungstabletten im Magen wegen des Harndrangs. Handy um den Hals an einer Eisenkette, wegen der Diebe. Notizzettel mit Ihrer Adresse für später, damit die Sanitäter Sie vor der richtigen Haustür aus dem Notarztwagen kippen.

Nun sind es nur noch wenige Kilometer bis zum Dom. Gegen fünfzehn Uhr wird der Zoch eintreffen, und Sie sind erst um acht Uhr da, verdammt knapp! Schnell noch ein paar Kabänes auf dem Weg, wegen der Elektrolyte. Noch ein letztes Selfie gepostet, denn spätestens in einer Stunde wird Ihre Erinnerung aussetzen. *Nää, is dat nit herrlisch!*

WORT DES TAGES
Kamelle!

SATZ DES TAGES
Strüßjer!
Sträußchen!

FREIZEIT-TIPP DES TAGES
Kamelle lutschen und Strüßjersalat futtern.

PROMINENTER DES TAGES
Wicky Junggeburth
Der WDR-Live-Kommentator des Rosenmontagszuges zeigt in unnachahmlicher Manier und völlig authentisch, dass der organisierte Karneval und das bräsige Berufsbeamtentum zwei Facetten derselben Medaille sind.

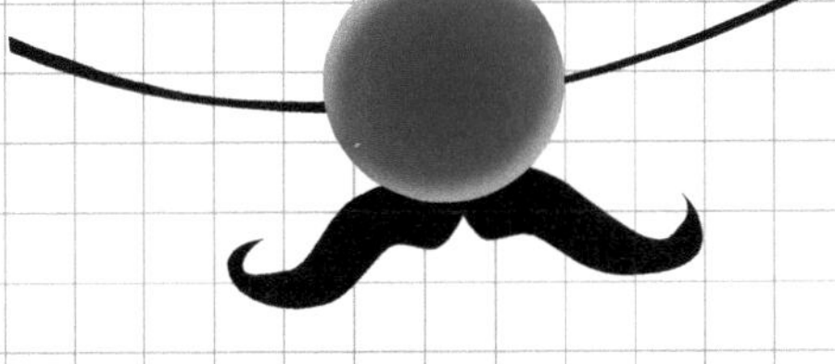

Tag 7

LEKTION 8
DES TAGES

Die Welt ist nur ein Büdchen

An die tausend Büdchen gibt es in Köln – also sogar *noch* mehr als Ampeln und das will etwas heißen! Köln ist damit die Kioskhauptstadt Deutschlands, wobei das Wort „Kiosk“ für die kleinen Läden, in denen man von der Packung Zigaretten über die Illustrierte bis hin zu Zahnpasta, Margarine, Wasserpistolen und einem Becher Kaffee so gut wie alles bekommen kann, viel zu steif klingt. „Büdchen“ dagegen trifft es genau.

Der Neu-Kölner unterliegt häufig dem Irrtum, beim Besuch eines Büdchens stehe der Erwerb einer der angebotenen Waren im Mittelpunkt. Das ist natürlich Quatsch. In Wirklichkeit geht es um „schwaade“, ums Schwätzen, am besten über das, was heute in der Zeitung steht, die man gerade bezahlt hat. Natürlich – das ist in Köln nichts Außergewöhnliches, ähnliche Situationen eröffnen sich im Stadtleben an allen Ecken und Enden: Beim Bäcker, beim Warten an den tausend Ampeln – selbst Gangsterjagden enden in Köln meistens nicht in einem Schusswechsel, sondern damit, dass die Polizeikräfte die Kriminellen in eine angeregte Plauderei übers Tagesgeschehen verwickeln. Das ist einfach unwiderstehlich, und man merkt kaum, dass man plötzlich in Handschellen dasteht.

In den letzten Jahren allerdings sind immer mehr Büdchen bedroht durch die Konkurrenz der Nachtsupermärkte. Also, wenn Ihnen mal wieder Klopapier oder Bier ausgegangen ist, erweisen Sie sich als echter kölscher „Schwadlappen". Umgehen Sie den Supermarkt und marschieren Sie ins nächste Büdchen, um sich neu einzudecken.

Bequemer ist das auf jeden Fall: Egal, wo Sie sich in Köln aufhalten – bis zum nächsten Büdchen sind's nur ein paar Meter.

WORT DES TAGES
Pittermännche
Petermännchen (ein kleines Fass Kölsch)

SATZ DES TAGES
Nää, was du nit all verzälls!
Nee, was du nicht wieder alles daherredest!

FREIZEIT-TIPP DES TAGES
Gehen Sie zu einem Mini-Rave – im La Ola Büdchen in der Mozartstraße.

PROMINENTER DES TAGES
Anne Will
TV-Journalistin.
Verdient ihr Geld damit, dass die Lück bei ihr rumhänge und schwaade.

Tag 8

LEKTION 9 DES TAGES

Wie werde ich FC-Fan?

Wie die Anhänger der meisten über längere Strecken erfolglosen Vereine haben auch die FC-Fans eine paradoxe Einstellung zu ihrem Team entwickelt. Das zeigt folgender Dialog.

Fan eins: „Und? Waren Sie auch gestern im Stadion?"
Fan zwei: „Leider. Haben Sie jemals so etwas Grottenschlechtes gesehen?" **Fan eins:** „Nein. Ich habe jede Sekunde gehasst. Ein Tiefpunkt meiner Existenz." **Fan zwei:** „Ich hätte mich auf der Stelle erschossen, aber es waren Kinder da." **Fan eins:** „Na und? Der Anblick Ihrer zerfetzten Leiche wäre weniger traumatisch gewesen als das Spiel." **Fan zwei:** „Stimmt auch wieder. Werden Sie *jemals* wieder ins Stadion gehen?" **Fan eins:** „Nächste Woche."
Fan zwei: „Ich auch. Kann's kaum noch erwarten."

Im Bereich menschlicher Partnerschaften nennt man so etwas eine co-abhängige Missbrauchsbeziehung: Der eine Partner quält den anderen, und dieser wird mit der Zeit richtiggehend süchtig nach den zerstörerischen Verhaltensweisen des Gegenübers. Falls Sie sich dennoch entschließen, FC-Fan zu werden, winken Ihnen allerdings eine Reihe von Erleichterungen, die den Anhängern anderer Clubs verwehrt bleiben. Erstens: Im Gegensatz zu Vereinen wie Hoffenheim, Wolfsburg oder Ingolstadt hat der FC eine richtige Vergangenheit. Zweitens: Der rheinische Humor der FC-Fans („Wir sind nur ein Karnevalsverein").

Und dann das Wichtigste, nämlich die Neigung des Kölners, sich von grauen Fakten nicht allzu sehr beeindrucken zu lassen. Dies ermöglicht es, auch das Unmögliche zu träumen: Sobald der FC beim abgeschlagenen Tabellenletzten zu einem glücklichen 1:0-Sieg stolpert, wird die ganze Stadt spekulieren, dass dies vermutlich der erste Schritt zur Europa-League-Qualifikation war (und damit letztlich zum Europa-League-Sieg). Oder anders gesagt: Der FC Köln ist im Prinzip ein Weltclub – solange man sich von Nebensächlichkeiten wie Spielergebnissen und Tabellenständen nicht verwirren lässt. Also, kaufen Sie sich einen rot-weißen Schal und werden Sie ein Teil davon!

WORT DES TAGES

Fuss

Hat mit Fußball gar nichts zu tun, sondern meint einen rothaarigen Menschen im Sinne von „Fuchs".

SATZ DES TAGES

Mer jon zom FC Kölle un mer jon zom KEC,
mer drinke jän e Kölsch un mer fahre KVB.

Wir gehen zum FC Köln und wir gehen zum KEC,
wir trinken gern ein Kölsch und wir fahren KVB.
(Zeilen aus „Viva Colonia", der Zweithymne der FC-Fans)

FREIZEIT-TIPP DES TAGES

Gehen Sie mal zur Viktoria auf der Schäl Sick – auch hier deckt sich der Anspruch des Vereins an sich selbst selten mit der Realität. Und Karnevalsmusik wird auch gespielt. Was will man also mehr?

PROMINENTER DES TAGES

Heinz Flohe (1948–2013)

Kölner Mittelfeldgenie und Spielmacher der Elf, die 1978 das Double gewann.

Tag 9

LEKTION 10 DES TAGES

Gespräch mit Taxifahrern

Fall eins: Stellen Sie fest, ob es sich um einen echten kölschen Taxifahrer handelt. Einen echten kölschen Taxifahrer erkennen Sie ganz leicht daran, dass er aus dem Iran stammt. Er hat die sechzig überschritten, eine sonore Stimme, gestählt durch jahrelanges Rauchen leichter Zigaretten (Reval, HB, selbstgedrehte Gauloises). Beginnen Sie das Gespräch mit dem Fahrer niemals mit Platittüden à la: „Was machen Sie eigentlich während der Karnevalssession?" Beachten Sie die Auswahl gelesener Tageszeitungen auf dem Beifahrersitz. Kommentieren Sie empathisch „Die Frankfurter Rundschau hat auch nachgelassen", wahlweise „Die Zeit hat nachgelassen", oder „ADAC Motorwelt" oder „Bussi Bär hat auch nachgelassen". In jedem Fall wird er brummeln: „Das können Sie laut sagen."

Zu diesem Zeitpunkt wird der Fahrer offenbaren, dass er aus einem ganz anderen Land stammt, wo es noch viel schlimmer ist. Klar, er kennt sein Land kaum noch. Und überhaupt ... Wenn Sie sich dem Ziel nähern, sprechen Sie ruhig Ihre Sorgen aus, ob man einem Fahrer aus *so* einem Kulturland wie Persien überhaupt Trinkgeld geben darf. „Ich trinke nicht, aber: Sie dürfen schon."

Sobald der Fahrer vor Ihrer Haustür hält, holt er einen dicken Packen mit auf Schreibmaschine eng beschriebenem Papier hervor und ruft Ihnen fordernd zu. *„Das* müssten Sie mal lesen." Keine Frage, der Fahrer hat es selbst geschrieben, aber die deutschen Buchverlage … ach … er winkt ab. Zum Abschied geloben Sie, künftig mehr über den Iran – „das ist Persien, immer noch!" – , also Persien, zu lesen.

Fall zwei: Falls Sie feststellen, dass Ihr Fahrer kölscher Kölner ist, schämen Sie sich nicht, von einem Touristenshop-Kölschglas abzulesen, er gibt garantiert die aufgedruckten Antworten. Sie: „Wie isset?" Er: „Joot." – Sie: „Un sons?" Er: „Muss!" – Sie: „FC is ooch Driss, ne?" Er: „Do sähste was. Ävver et kütt, wie et kütt. Et hätt noch immer jotjejange. Aber weißte: Nix bliev, wie et iss! Dat is meine *janz persönliche* Meinung!"

WORT DES TAGES

Winkemännche

Passant, der versucht, ein Taxi anzuhalten.
(im Taxifahrerslang)

SATZ DES TAGES

Sind Sie frei?
Nee, isch fahr hück Unsischtbare.

FREIZEIT-TIPP DES TAGES

Ganz reale Fahrt mit dem ganz realen Black Cab.
Pointe: Der Fahrer fährt einen überall hin, nur nicht dort, wo man hin will!

PROMINENTER DES TAGES

Mortimer

Fahrer des Black Cab

Tag 10

LEKTION 11
DES TAGES

Das römische Erbe

Schon 4500 Jahre vor Christus lebten Menschen im Kölner Stadtgebiet – frühe Trendsetter, die ahnten, dass sie einen kommenden internationalen Hotspot aufgetan hatten. Sie sollten recht behalten, kamen allerdings ein paar Jahrtausende zu früh. Erst als die Römer das linksrheinische Germanien eroberten, startete Köln durch.

Die Römer rotteten den keltischen Stamm der Eburonen aus, der hier siedelte, was die Ur-Kölner auf den Plan rief. Das waren die Ubier, die als Erste auf die Idee kamen, eine richtige Stadt am Rheinufer zu errichten. Sie waren friedlich und kamen offensichtlich mit all ihren Nachbarn und auch den Römern gut aus, was beweist, dass es sich bei ihnen bereits um echte Kölner handelte.

Agrippina die Jüngere (15–59 n. Chr.) sorgte schließlich dafür, dass aus ihrer Geburtsstadt *Oppidum Ubiorum* eine echte römische Stadtkolonie wurde und sie einen richtig coolen Namen bekam, der etwas hermachte: Colonia Claudia Ara Agrippinensium, oder wie man damals salopp sagte CCAA. Ein paar Jahre später ließ ihr eigener Sohn Nero sie ermorden, womit damals schon belegt wurde: Aus Köln sollte man einfach nicht wegziehen!

Die Römer wurden bald zu den ersten eingefleischten Kölnfans. Sie machten die Stadt zur Provinzhauptstadt und errichteten eine Menge prächtiger Bauwerke und Straßen, zum Schrecken aller modernen Kölner Bauherren, deren Chancen, bei der Durchführung eines Neubauprojekts auf antike Ruinen zu stoßen, bei etwa zweihundert Prozent liegt.

Auch Sie sollten sich natürlich dafür interessieren, wie das damals mit Ihrer neuen Heimatstadt alles anfing. Also machen Sie sich auf ins Römisch-Germanische Museum am Roncalliplatz. Lassen Sie sich vom Äußeren nicht abschrecken, das zum benachbarten Dom etwa so gut passt wie eine Dieter-Bohlen-Schmonzette zu einer Beethovensonate. Danach spazieren Sie hinter dem Museum auf den gigantischen Quadern der alten römischen Hafenstraße, die hier freigelegt sind, zitieren ein paar Zeilen Tacitus und schmettern ein fröhliches „Viva Colonia“ – oder wie man damals gesagt hätte: „Viva CCAA“.

WORT DES TAGES

Schirv

Scherbe

SATZ DES TAGES

Pack schlät sich. Pack verdräht sich.

Pack schlägt sich, Pack verträgt sich auch wieder.

FREIZEIT-TIPP DES TAGES

Vertiefen Sie Ihre Kenntnisse über das römische Erbe Kölns und besuchen Sie eine der am besten erhaltenen römischen Grabkammern des zweiten Jahrhunderts nördlich der Alpen. Dazu müssen Sie zwar bis Köln-Weiden fahren, also vom Standpunkt des Innenstadtbewohners bis kurz vor die holländische Grenze, aber was tut man nicht alles für die Bildung.

PROMINENTER DES TAGES

Maternus (4. Jahrhundert n. Chr.)

Erster Bischof von Köln. Patron für das Gedeihen von Weinreben. Muss man mehr sagen?

Tag 11

Altstadt

Die Altstadt hat alles, was echte Kölsche brauchen. Brauereiausschank, Früh am Dom, Peters Brauhaus, aber auch richtiges Bier! Weisen Sie stets alle Menschen auf Ihr Wissen hin, dass die Altstadt „janz schlimm zerstört" war. Das ist der kölsche Komparativ II. „Noh mieh schlimm als wie schlimm", die zweite Steigerung, die im Hochdeutschen vollkommen fehlt. Die Luftangriffe im Zweiten Weltkrieg haben die Altstadt zu neunzig Prozent zerstört, an jedem Karnevalswochenende wird sie jedoch zu hundert Prozent plattgemacht.

Wer von einem Schiff aus oder von der Deutzer Ufertreppe das Panorama bewundert, bestaunt eine Art Legoland, denn alles, was er sieht, sind Bauten aus der Nachkriegszeit. Lernen Sie beizeiten, sich über den Müll aufzuregen, nicht ohne den Hinweis, dass der Kölsche an und für sich sowas nun wirklich nicht tut. Werfen Sie Ihren Müll also frühestens an Neumarkt oder Rudolfplatz auf den Boden. Dort ist es üblich. Beachten Sie die Drogendealer an der Treppe von der Philharmonie zum Rheinufer. Hier können Sie Rauschmittel aus regionaler Produktion zu günstigen Preisen erwerben, Probierpäckchen inklusive.

Ein kontroverses Thema, Sie alle kennen es, manche durch eigenes Probieren: Wildpinkler. Forscher haben herausgefunden, dass schon die Römer in der Kölner Altstadt erste Feldversuche in diese Richtung angestellt haben. An dieser Stelle wuchs dann eine römische Stadtmauer. Ursächliche Zusammenhänge sind aber (noch) nicht belegt. Zu einem Besuch der Altstadt gehört der Satz „Nichts gegen den Dom, aber: Bei uns in Kölle sind ja vor allem die romanischen Kirchen so besonders. Gerade Groß St. Martin!" Sagen Sie diesen Satz ständig, auch zu Wildfremden. Es macht Sie sympathisch. Sollte Sie die Polizei irgendwann vorsichtshalber mal einsperren, sagen Sie bei der Festnahme: „Nichts gegen den Dom aber: Bei uns in Kölle sind ja vor allem die romanischen Kirchen so besonders. Gerade Groß St. Martin! Finden Sie nicht auch?"

WORT DES TAGES

Alder Maad

Lernen Sie unbedingt die korrekte Deklination:
Der Alder Maad, vun däm Alder Maad, de Alder Maad.
Einen Plural gibt es ebenso wenig wie von „Himmel".
Logisch. Einmal angekommen, will man nie wieder weg.

SATZ DES TAGES

Mir schenke der Ahl e paar Blömcher.

Wir schenken der Alten ein paar Blumen.
Einer der berühmten Hans Knipp-Klassiker

FREIZEIT-TIPP DES TAGES

Heinzelmännchenbrunnen, das Tünnes- und Schäl-Denkmal, und natürlich der Alte Markt

PROMINENTER DES TAGES

Hänneschen

Die kölschen Toppuppen seit 1802

Tag 12

LEKTION 13 DES TAGES

Leben im Schmelztiegel

Köln ist die Alptraumstadt für den gemeinen Pegida-, AFD- oder KuKluxKlan-Anhänger. Siebenunddreißig Prozent aller Kölner haben inzwischen einen sogenannten Migrationshintergrund, bei den unter Achtzehnjährigen ist es sogar die Hälfte. Und die übrigen haben – meistens – keine Probleme damit.
Als die rechtsradikale Organisation Pro Köln 2008 zu einem Antiislamisierungskongress aufrief (inklusive einer Kaffeefahrt zur Besichtigung von Multikultiproblemvierteln, bei der man in wohligem Erschauern den kulturellen Niedergang des Abendlandes vor Ort erkunden wollte), irrten die selbsternannten Problemlöser hilflos am Rheinufer entlang, abgedrängt durch Gegendemonstrationen, wenig hilfreiche Polizeieinheiten und die schlichte Weigerung der Kölner Taxifahrer, die Sammelpunkte der Rechten überhaupt anzufahren. Natürlich hat so viel bürgerliches Engagement auch seinen Preis: Zwei Stunden Kölschrock, da sagen weniger robuste Naturen schon mal: „Das war's für mich auf der Arsch-Huh-Kundgebung, die AFD ist das kleinere Übel."

Doch im Großen und Ganzen ist der Kölner stolz darauf, eine Promenadenmischung zu sein. Das hatte schon früh angefangen: Selbst die Ubier siedelten hier nicht allein, sondern mischten sich – vor allem mit den Römern.
Und so ging es immer weiter: Die Franken eroberten Köln – und blieben und vermischten sich. Im zwölften Jahrhundert folgten die Heiligen Drei Könige – das waren zwar nur drei, dafür kamen sie von ziemlich weit her. Die Domschatzkammer wurde gewissermaßen zum ersten Asylantenwohnheim der Stadtgeschichte. Später tauchten die Franzosen, die Preußen und dann die Gastarbeiter auf, und schließlich die ganze Welt.

Also, wenn der nächste AFD- oder Pegida-Kongress vor der Tür steht, demonstrieren Sie mit gegen den Rassismus! Und lernen Sie vorher ein paar BAP-Songs auswendig. Die sind eben Tradition, und wenn Sie aus diesem Buch noch immer nicht gelernt haben, wie wichtig Traditionen in Köln sind, dann ist Ihnen wirklich nicht zu helfen, Sie Pimock!

WORT DES TAGES

Pimock

Ortsfremde, meist unbeliebte Person, ursprünglich aus Ostdeutschland (von Nepomuk, dem heiligen Schutzherren der Brücken, über die die Flüchtlinge aus dem Osten ja in die Stadt kamen).

SATZ DES TAGES

Et bliev nix, wie et wor.

Nichts bleibt, wie es war.

FREIZEIT-TIPP DES TAGES

Feiern Sie Newroz, das kurdische Neujahrsfest, das immer irgendwo öffentlich als Multikultievent begangen wird. Das ist der einzige Weg, wie Sie ein paar Türken ärgern und trotzdem Ihre mulitkulturelle Gesinnung beweisen können – und das garantiert ohne BAP-Musik.

PROMINENTER DES TAGES

Maria de' Medici (1575–1642)

Gebürtige Italienerin, Witwe des französischen Königs Heinrich IV. und Großmutter des Sonnenkönigs Ludwig XIV. Musste ins Exil gehen und fand schließlich Asyl in Köln. Kam dort allerdings nicht in einer Turnhalle unter, sondern im ehemaligen Wohnhaus von Peter Paul Rubens.

LEKTION 14 DES TAGES

Fahrrad fahren

Köln verfügt über fünfhundert Kilometer Radwege, manchmal mit Mäuerchen eingemauert, meist mit Pinselchen umpinselt, manchmal alt und rissig mit lustigen Holperüberraschungen – man muss sie einfach lieben. Die Polizei meldet achttausendzweihundert Fahrraddiebstähle pro Jahr, also jede Stunde einen. Wundert Sie das? Das sollte es nicht. Jeder dahergelaufene Schäng schreibt den Namen seiner dahergelaufenen Katriensche aufs Schloss, tackert es an die Hohenzollernbrücke und bringt seine Maid verträumt nach Hause. Er: „Katriensche?“ Sie: „Schäng?“ – Er: „Wo is minge Fahrrad?“ Sie: „Fort, Schäng.“ – Er: „A su!“

Falls Sie nach Köln ziehen und noch kein eigenes Rad haben, besorgen Sie sich eines im April. Es gibt gleich vier Fahrradmärkte, in Nippes, Ehrenfeld, Kalk und am Friesenplatz. Abgeschliffene Rahmennummer? Ist in Kalk Folklore. Man möchte eben nicht unnötig auffallen.
Hat es einen Beiwagen für den Irish Setter, einen Zusatzmotor und den Aufkleber „Ich bremse auch für Südstädter“? Das stammt aus dem Belgischen Viertel.
Radfahrer in Köln sind Multifunktionsinstrumente.
Sie haben die Fähigkeit, gleichzeitig nach rechts und links, oben und unten, vorn und hinten zu schauen
und dabei doch, ja, doch in sich zu gehen. **Merke:** Viele Autoeinbahnstraßen sind gleichzeitig Fahrradzweibahnstraßen, was manche Einbahnautofahrer nicht wissen und den Zweibahnradfahrer schlimm verunglimpfen.

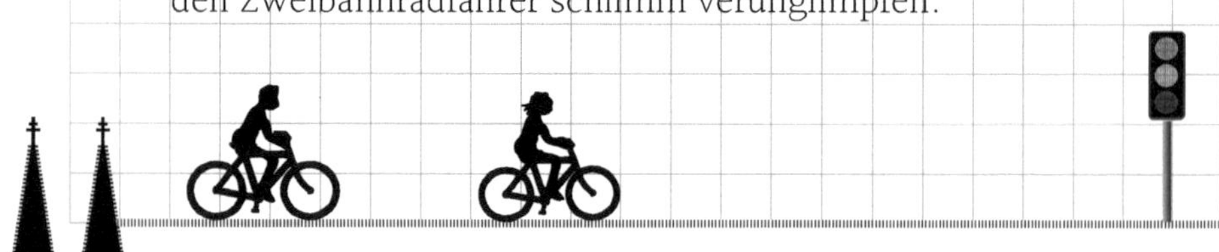

Mountainbiker haben keine Lobby. Was daran liegen mag, dass Mountains in Köln keine Lobby haben. Kölner Magie: Radfahrer sind angehalten, alle Ampelphasen zu nutzen. Faktisch kann man zum Beispiel die Innere Kanalstraße bei Rot sogar viel schneller überqueren. Was nicht für Kinder gilt. Kinder kann man nicht bei Rot schneller überqueren. Juristischer Grundsatz: Radwege muss man nur benutzen, wenn sie „zumutbar" sind. Hier Argumente für Diskussionen mit dem Schutzmann Ihres Vertrauens:

1. Der Radweg ist von Unkraut überwuchert.
2. Der Radweg ist von einem Haus überwuchert.
3. Der Radweg wurde vor mir von einem Mann benutzt, der nach Knoblauch riecht. Oder Alt!

WORT DES TAGES

Wääch

Weg

SATZ DES TAGES

Do bäss mer em Wääch.

Du bist mir im Weg.

FREIZEIT-TIPP DES TAGES

Eine der empfohlenen Radtouren nach Hückeswagen, Düsseldorf, Türnich und zu anderen lauschigen Gehöften

PROMINENTER DES TAGES

Fredy Schmidtke

Kölner Radprofi. 1982 Weltmeister im Zeitfahren, 1984 Olympiasieger

Tag 14

LEKTION 15 DES TAGES

Die Kölner Architektur aushalten

Köln ist eine Art missratene Promenadenmischung unter den Städten, eine Kreuzung zwischen chinesischem Nackthund, Zwergpinscher und Rauhaardackel: Sympathisch, nicht überzüchtet, aber wenn man genauer hinschaut, dann muss man erst mal ganz tief durchatmen.

Bekanntermaßen ist die Kölner Innenstadt am Ende des Zweiten Weltkrieges zu siebenundneunzig Prozent zerstört gewesen und war nur noch als Ruinenlandschaft vorhanden. Böse Zungen behaupten, seit damals sei es dann architektonisch ständig bergab gegangen – eine nicht allzu gewagte These, wie man feststellen kann, sobald man sich Orten wie Ebertplatz, Barbarossaplatz, dem Hauptbahnhof, der Domumgebung oder dem Salierring nähert.

Im Gegensatz zu anderen Städten, die nach 1945 im alten Stil wiederaufgebaut wurden, war man in Köln froh, sich ganz der modernen Architektur in die Arme werfen zu können – allerdings in ihrer billigsten Ausprägung. Mit der Zeit entwickelte man sogar einen – für den Außenstehenden irritierenden – Stolz auf die trostlosen Bausünden, die heute die Stadtlandschaft prägen. So konnte das historische Opernhaus am Rudolfplatz Ende der Fünfzigerjahre abgerissen werden, ohne dass sich nennenswerter Widerstand formierte. Als allerdings 2009 der Nachfolgebau am Offenbachplatz, ein trister Betonkasten, ebenfalls kurz vor dem Abriss stand, wurde dies von engagierten Bürgern verhindert.

Neuere Studien gehen davon aus, dass die äußerliche Hässlichkeit der Stadt und die freundliche, aufgeschlossene

Wesensart des Kölners sogar unzertrennlich miteinander verbunden sind: Wer dauerhaft einem derart niederschmetternden Stadtbild ausgesetzt ist, dem bleibt einfach nichts anderes übrig, als gute Laune zu entwickeln und nett zueinander zu sein. Sonst wäre das Leben schlicht unerträglich.

Und so sollten auch Sie es machen: Gucken Sie nicht auf die Häuser, sondern gucken Sie geradeaus – in die Gesichter der Leute. Dann können auch Sie voller Überzeugung sagen: „Kölle, also für misch is dat janz klar die schönste Stadt vunn der Welt."

WORT DES TAGES
Us däm Hüsje
Aus dem Häuschen

SATZ DES TAGES
Do bes zo schad för de Jeisterbahn.
Du bist sehr, sehr hässlich.

FREIZEIT-TIPP DES TAGES
Flanieren Sie über den Breslauer Platz und bestaunen Sie, wie in nur wenigen Jahren unter dem Einsatz von nur ein paar Millionen Euro einer der erschütternd hässlichsten Orte Kölns umgestaltet wurde zu einem der erschütternd hässlichsten Orte Kölns.

PROMINENTER DES TAGES
Wilhelm Riphahn (1889–1963)
Architekt. War für nennenswerte Teile der Kölner Nachkriegsarchitektur verantwortlich, allerdings nicht für die schlimmsten.

Tag 15

LEKTION 16 DES TAGES

Düsseldorf

„Iiiih, Mama, der hat das D-Wort gesagt." – „Aber mein Junge, Düsseldorferdauerdepp schreibt sich doch mit vier Ds." Gerade als Neukölner sollten Sie allzeit gewahr sein, dass der Einfall der Barbarenhorden aus dem Norden jederzeit erfolgen könnte. Kennen Sie den Warnruf „You'll never walk alone"? Sehen Sie, die Bedrohung lauert immer und überall. Sollten Sie im Alltag dieser Spezies begegnen, wird sie sich meistens als unproblematisch gestalten. Lästern Sie jedoch nicht laut über den Gang auf allen vier Pfoten und die sonderbaren Grunzlaute.

In größeren Rudeln jedoch ist durchaus Vorsicht geboten. In seiner unbeholfenen Art kleidet sich der Düsseldorfer rot-weiß und meint, so nicht erkannt zu werden. Eine rot-weiße Mütze bei vollkommener Nacktheit jedoch ist eine nur unzureichende Tarnung. Begegnen Sie solch einer Gruppe, sollten Sie nicht versuchen, einen Düsseldorferwitz zu erzählen. Umgehend werden diese ihre Golfschläger zücken. Loben Sie hingegen, dass auch D'dorf seine guten Seiten hat: die Autobahn nach Köln.

Seien Sie nachsichtig mit diesen armen Kreaturen. Ihre Innenstadt ist nach einem ungenießbaren Getränk benannt, das generell nie frisch ist. Alt. Sollten Sie es in einem Gruselkabinett jemals zu Gesicht bekommen, beachten Sie die Farbe. Sehen Sie, wie dunkel es ist? Nun, die Vermutung liegt nahe, dass sich dieses Gesöff nach der Seele seiner Konsumenten richtet. Aber in Wahrheit hat sich Altbier schwarzgeärgert, weil es kein Kölsch ist. **Merke:** In der Braustelle Ehrenfeld, dem kleinsten Brauhaus Kölns, wird

„Ehrenfelder Alt" ausgeschenkt – ganz klar ein Tarnname für Kölsch, das zu lange auf der Sonnenbank war!

Begegnen Sie einem dieser fremdartigen Wesen, das ein übergroßes Shirt mit der Aufschrift „Metro" trägt, seien Sie milde und verständnisvoll. Nicht nur möchte dieser Fan der DEG Metro Stars glauben, dass er in einer „Metropole" lebt, er vermutet gar, die Spieler seiner Kufenkühe seien „Stars". Vergessen Sie nie, dass über Köln die Sonne lacht, aber über Düsseldorf die ganze Welt. Im stillen Kämmerlein freuen sich auch Kölner Unternehmen über die Existenz Düsseldorfs. Wo sollen Ford, Bayer und die Ölraffinerie ihre Abwässer sonst den Rhein hinunterschicken?

Abschließend noch eine ernste Warnung: Falls Sie sich ausgerechnet an Karneval den Rhein abwärts treiben lassen wollen, erinnern Sie sich an den Namen der mit Abstand erfolgreichsten Düsseldorfer Schlagerkapelle: die Toten Hosen.

WORT DES TAGES

Dormagen-Nord

SATZ DES TAGES

Ahl Lück trinke ahles Bier un koofe ahle Baselümche.

Alte Leute trinken altes Bier und kaufen alte Klamotten.

FREIZEIT-TIPP DES TAGES

Die Bahn verpassen: S11, S6, RE, IC, ICE, THALYS

PROMINENTER DES TAGES

Heino

Sein Vater war aus Kalk, die Mutter aus Dormagen-Nord bzw. Mettmann-Süd.

Tag 16

LEKTION 17 DES TAGES

Sich mit den Kölner Verkehrs-betrieben auf den Weg machen

Ein Ziel innerhalb Kölns mit der kombinierten Straßen- und Untergrundbahn pünktlich anzusteuern, erfordert vor allem zwei Dinge: a) Nerven aus Stahl, und b) jede Menge Glück.

Es ist allein schon schwer abzuschätzen, wie lange eine Fahrt mit der KVB vermutlich dauern wird. Die Rechnung geht etwa so:
- Angegebene Fahrtzeit: fünf Minuten
- Verzögerung durch Verkehrsstaus, durch auf den Schienen parkende Autos, die erst noch wegfahren müssen, durch nicht schließende Waggontüren, durch überlange Aufenthalte dank überfüllter Bahnsteige: achtunddreißig Minuten.
- Tatsächliche Fahrtzeit: dreiundvierzig Minuten.

Ein besonders ehrgeiziges Unterfangen ist es, die Kölner Ringe mit der KVB entlangzufahren, quasi das Kölner Äquivalent einer Mount-Everest-Besteigung ohne Sauerstoffmaske:
Hier zockelt die Bahn in Nord-Süd-Richtung eine Zeit lang friedlich unterirdisch dahin, um dann abrupt kurz vor dem Barbarossaplatz aus der Erde zu steigen und den hier eh schon chaotischen Verkehr endgültig zum Stillstand zu bringen.
An der Station Barbarossaplatz besteht dann eine Fünfzig-Prozent-Chance, dass die Bahn, in der Sie sich befinden, zu Ihrem Entsetzen rechts abbiegt, wo sie sich in den öden Weiten von Köln-Zollstock verliert. Um Ihren Weg geradeaus fortzusetzen,

müssen Sie nun aus der Bahn springen, die Bahnstation, die sich auf einer Verkehrsinsel in der Platzmitte befindet, entlanghasten und über die Hauptverkehrsstraße zu einer Haltestelle in einer Seitenstraße laufen, wo Ihnen die dort wartende Bahn direkt vor der Nase wegfahren wird. Nur etwa eine halbe Stunde später werden Sie die restlichen zwei Kilometer bis in die Südstadt geschafft haben, wo Sie dann für Ihre Leiden fürstlich entschädigt werden: Aus den Waggonfenstern bietet sich Ihnen nämlich ein großartiger Blick auf die nervlich zerrütteten Autofahrer, die verzweifelt versuchen, den Kreisverkehr am Chlodwigplatz zu meistern. Genießen Sie's – Sie haben es sich verdient.

WORT DES TAGES
Ligge
Leiden

SATZ DES TAGES
Ich möch ze Fooss noh Kölle jon.
Ich möchte zu Fuß nach Köln gehen, besser wäre hier: Ich möchte zu Fuß *durch* Köln gehen.

FREIZEIT-TIPP DES TAGES
Setzen Sie sich in die Linie 4 der KVB und fahren Sie durch bis nach Leverkusen. Spätestens dann werden Sie merken, wie schön Sie's in Köln haben.

PROMINENTER DES TAGES
Georg Simon Ohm (1789–1854)
Pionier der Elektrizitätslehre und Namensgeber für den elektrischen Widerstand, lehrte 1817–1826 am Dreikönigsgymnasium in Köln.

Tag 17

LEKTION 18 DES TAGES

Shopping in Ehrenfeld

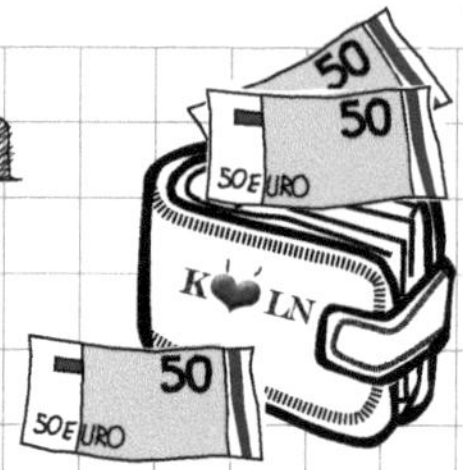

Um die Venloer Straße kennenzulernen, kaufen Sie in jedem Laden jenseits der Inneren Kanalstraße auf der *linken* Straßenseite etwas, und auf dem Rückweg von der Äußeren Kanalstraße auf der *rechten* Straßenseite. Zuhause packen Sie aus und haben: Unterwäsche aus Indien, Elektronik aus China, Kaffee aus Costa Rica ... und all das haben Sie in Türkenläden gekauft! Bei der zweiten Begehung können Sie etwas gezielter vorgehen, dann haben Sie auch einen „MeinTürke", in der Art wie „MeinFernbus", was Deutschkonjugationsfanatiker um den Verstand bringt – nicht so in Ehrenfeld.

Einige konkrete Tipps: Sie erstehen frische Ware im „Türkenladen" – die Inhaberin heißt wie immer Evi – erst jenseits des Gürtels. Das ist eine Frage der Logik. Je näher am Stadtrand, desto frischer ist die Ware. Ehrenfeld lebt das. Wenn Sie das Kauflandobergeschoss würdevoll begehen wollen, nehmen Sie großzügig Wegzehrung und Lesestoff mit. Durchwandern Sie pflichtbewusst die alternativen, kreativen, regionalen Lädchen mit selbstgemachten Produkten der Körnerstraße ... Kaufen Sie den „besten Kaffee Kölns" bei Van Dyck Kaffee. **Merke:** Tun Sie so, als wüssten Sie nicht, dass einer der Teilhaber der Gatte von Charlotte Roche ist. Prominente kennen mit Stil. Murmeln Sie im Nebensatz, wie enttäuscht Sie neuerdings von Kaffee Schamong kurz vor der Äußeren Kanalstraße sind. **Merke:** Sagen Sie nie den ganzen Namen, immer nur „Äußere" und „Innere". Ignorieren Sie den Umstand, dass die Kanäle zu den beiden großen Kanalstraßen offenbar verschüttgegangen sind. Offenbar wörtlich. Erstehen Sie Drittweltschmuck in der Stammstraße und allerlei Selbstgebasteltes, bevor Sie im Café Goldmund einen exquisiten Bio-Getreidemilchkaffee bestellen, um diskret wie immer ein paar der Tausende von Second-Hand-Büchern aus den Regalen „auszuleihen“. Schließlich schimpfen Sie – am besten vor der Polizeiwache – über Bauwens-Adenauer, der glatt ein „Einkaufszentrum“ auf dem Heliosgelände bauen wollte. Dann wären schlimmstenfalls die Leute von Kalk hergekommen, um einzukaufen. Jetzt sind Sie nicht nur Kölscher, jetzt sind Sie sogar Ehrenfelder. Und das mit Hätz!

WORT DES TAGES
Maggeln
Handeln

SATZ DES TAGES
Seh'n wir uns nit op dieser Welt,
dann seh'n wir uns in Ihrefeld.
Sehn wir uns nicht in dieser Welt,
dann sehn wir uns in Ehrenfeld.

FREIZEIT-TIPP DES TAGES
Im 4711-Haus am Barthoniaforum fragen Sie – aus „Spaß“ – nach Kölnischwasser. Der Pförtner wird sich freuen und es auch zeigen. Nur wie, muss sich zeigen.

PROMINENTER DES TAGES
Jan Böhmermann
Er sendet „Neo Magazin Royale“ von hier.

LEKTION 19 DES TAGES

In d'r Weedschaff

Kneipen haben überall ihr eigenes Flair. In Süddeutschland, der Urheimat der dröhnend-polternden Männerbassstimme, fühlt sich der Fremde schnell vom Lärm erschlagen. Betritt man dagegen eine Kneipe in Ostwestfalen, ersterben augenblicklich sämtliche Gespräche, was einen unwiderstehlichen Fluchtinstinkt auslöst. In Köln hingegen durchtränkt (im wahrsten Sinne des Wortes) die offene und kontaktfreudige Art der Einheimischen auch die Kneipenkultur. Also sollten Sie folgendes Experiment auf keinen Fall auslassen: Gehen Sie in eine Kneipe – und zwar mutterseelenallein. Und dann warten Sie zehn Minuten ab. Wenn Sie dann immer noch allein dastehen und nicht in ein munteres Gespräch vertieft sind, kann das nur zwei Gründe haben:

1. Sie haben sich versehentlich in eine Imi-Kneipe verirrt.
2. Sie haben gerade Ihr Gesicht umoperieren lassen – nach dem Vorbild von Kardinal Meisner.

Normalerweise aber wird jemand aus der Ihnen am nächsten stehenden Gruppe Sie nach ein paar Minuten fragen: „Un wä bess do? Dich kenne mir gar nit." Noch wahrscheinlicher ist es allerdings, dass man diese lästigen Formalitäten auslässt und Sie einfach nur fragt, was Sie zum Thema, das gerade ausdiskutiert wird, zu sagen haben. Das Themenspektrum beschränkt sich hierbei nicht auf Fußball und Politik. Genauso gut kann Ihr Gegenüber seine sexuellen Präferenzen, seinen unmittelbar bevorstehenden finanziellen Ruin oder seine traumatische Kindheit mit Ihnen zu erörtern wünschen, denn für den Kölner hat das Wort „Privatsphäre" nicht dieselbe Bedeutung wie für andere Einwohner der Republik.

Privat ist alles, was nur der liebe Herrgott wissen darf – für den Rest gilt: Reden ist die beste Psychohygiene. Zumal man am Morgen eh nicht mehr so genau weiß, was man gestern wieder alles von sich gegeben hat.

WORT DES TAGES

Suffkrad

Trunkenbold, Säufer

SATZ DES TAGES

Häs de och kei Jeld, dat es janz ejal,
drink doch met un kümmer dich nit dröm.

Hast du auch kein Geld, das ist ganz egal,
trink doch mit und kümmer dich nicht drum.
(Text der Bläck Fööss)

FREIZEIT-TIPP DES TAGES

Muss es denn immer die Kneipe sein?
Seien Sie doch mal stilvoll, Sie Banause,
und genehmigen Sie sich einen Wodka in
einem Glas aus Eis in der Icebar des Hiltonhotels,
mit einer Theke aus echtem Eis.

PROMINENTER DES TAGES

Udo Lattek (1935–2015)

1987–1991 Sportdirektor des FC, begraben auf dem Neuen Friedhof in Köln-Weiden. Ikone der hochprozentigen Lebensfreude („Ich trinke Wodka Feige ohne Feige, dann passt mehr Wodka ins Glas") und Schöpfer zahlloser Bonmots: „Im Kölner Stadion ist immer so eine super Stimmung, da stört eigentlich nur die Mannschaft".

Tag 19

LEKTION DES TAGES 20

Schnäuzer

Es gibt Tage, da muss es egal sein, ob man Männlein oder Weiblein ist. Heute ist so ein Tag. Wieso Conchita Wurst keine Kölnerin ist, bleibt ein Rätsel. Falls Sie in Köln höhere Weihen anstreben, vielleicht das Amt eines Erzbischofs oder Bürgermeisters, womöglich Handballnationaltrainer werden wollen oder mindestens Fußballweltmeister – ein Schnäuzer gehört dazu.

Als Harald Schmidt mitsamt Sidekick Andrack den kölschen Klüngel erklärte, pappte er sich nicht nur den Dialekt an, sondern auch einen kiloschweren Schnauzbart. Indessen tragen modebewusste jüngere Kölner die Drei-Tage-Schnäuzer-Variante. Die einzige Barttracht, die manchmal mit einem Hund verwechselt wird, ist und war in Kölle nie tot. Landesweit waren es in den Siebziger- und Achtzigerjahren vor allem Polizisten, Soldaten, und, ja Proleten, die Kraut unterm Näschen sprießen ließen, in Köln aber ist die Tradition nie abgerissen. Dünne Erklärungen wie: So muss man das miefige Bier nicht riechen – treffen neben das Ziel. Der Kölner bekämpft den Prostatakrebs im Movember dadurch, dass er sich einen Monat lang einen Bart wachsen lässt: Moustache + November = Movember.

Der schnäuzigste Zeitgenosse ist natürlich Henning Krautmacher, der bei einer Expresswahl 2008 zum Bartträger des Jahres gewählt wurde. Aber die meisten Antworten gibt mal wieder der Karneval: Legendär ist die Schnäuzerballetttruppe der Dellbröcker Boore, erstaunlich die Schnäuzer-Pänz, die Kindertanzgruppe der KG Uhu. Fragwürdig die Tradition mancher Karnevalisten, sich die Rotzbremse an Aschermittwoch wieder abzusäbeln. Einzigartig ist das nur in Köln existierende Verbot, dass die Jungfrau Bart trägt. Ethnologen und Kulturwissenschaftler aller Herren Länder verneigen sich davor. Oliba = Oberlippenbart forever.

WORT DES TAGES

Schnurres

Schnäuzer

SATZ DES TAGES

Jeder dä en Jittar hät, ne Schnäuzer un en Zung, singk jeden Daach: mich Hätz schläät kölsch ich ben ene kölsche Jung.

Jeder, der eine Gitarre, einen Schnäuzer und eine Zunge hat, singt jeden Tag: Mein Herz schlägt kölsch, ich bin ein kölscher Junge. (Gerd Köster)

FREIZEIT-TIPP DES TAGES

Besuch bei Friseurbedarf Bergrath, Maastrichter Straße 19. Wenn Sie dort nichts finden, um überzähliges Haarmaterial abzusensen, dann muss Ihr Barthaar aus Beton sein.

PROMINENTER DES TAGES

Horst Lichter, Willy Millowitsch, Jean Pütz,
Jupp Schmitz, Horst Schlämmer (!),
Christoph Daum, Dominic Maroh, Harald Konopka,
Alfred Neven DuMont, Wolfgang Niedecken,
Tommy Engel, Peter Millowitsch, Wolle Petry,
Bürgermeister Fritz Schramma

LEKTION DES TAGES 21

Entdecken Sie die Schäl Sick für sich

Bis zum Jahr 310 befand sich auf der rechtsrheinischen Seite von Köln ... gar nichts. Viele Kölner sagen: Das war die beste Zeit, die die Schäl Sick je gesehen hat. Erst dann kamen die Römer auf den Gedanken, eine Brücke und auf der anderen Rheinseite ein Kastell zu bauen. Seitdem – so eine weitverbreitete Meinung – ging's mit der Gegend bergab. Das Kastell hieß Divitia, woraus dann später Deutz wurde.
Am Anfang hatte man noch Hoffnung, das Gebilde würde vielleicht von entfesselten germanischen Horden überrannt und geschleift werden, aber daraus wurde dank der Wehrhaftigkeit der Legionäre nichts.

Im neunten Jahrhundert besserte sich die Lage aus Sicht der linksrheinischen Kölner wieder, mit anderen Worten: Die Brücke wurde abgerissen. Bis zur Eröffnung der Dombrücke 1859 gab es etwa tausend Jahre lang nur Fährverkehr zwischen den beiden Ufern. Doch dann war die Entwicklung nicht mehr aufzuhalten: Deutz, Kalk, Poll und Mülheim wurden zu Zentren der industriellen Entwicklung und wuchsen zum Entsetzen der Innenstädter mit dem Rest von Köln zusammen. Oberbürgermeister Adenauer zog auf Zugreisen schon auf der Hohenzollernbrücke schaudernd die Abteilvorhänge zu und raunte: „In Deutz beginnt der Bolschewismus."
Am Anfang blieb der wirtschaftliche Erfolg als Trost, aber mit dem Niedergang vieler Großindustriebetriebe in den Siebzigerjahren wurden die alten Arbeiterviertel zu Pro-

blemzonen. Jetzt sahen sich die anderen Kölner bestätigt: Die Schäl Sick ist wirklich so scheiße, wie wir es schon immer wussten.

Doch inzwischen tut sich was. Alte Fabriken wurden zu Medienbetrieben oder Künstlerhäusern, die KölnArena, das Odysseum, das Technische Rathaus, das Polizeipräsidium wurden allesamt auf der Schäl Sick errichtet. (Die Messe und das Lommerzheim waren immer schon da.) Also, sehen Sie sich um: Die Gegend hat einiges zu bieten.

WORT DES TAGES
Jemölsch
Gemisch

SATZ DES TAGES
Nix is esu schläch, dat et nit für jet jot es.
Nichts ist so schlecht, dass es nicht für irgendetwas gut ist.

FREIZEIT-TIPP DES TAGES
Spazieren Sie durchs linksrheinische Köln, suchen Sie sich einen Einheimischen heraus und fragen ihn: „Okay, da drüben, das ist die Schäl Sick – aber wie heißt denn *diese* Seite hier?"

PROMINENTER DES TAGES
Klaus Meurer
Streitbarer Pfarrer in den Brennpunkten Vingst und Höhenberg („Don Camillo von Vingst") mit großem sozialem Engagement. Er ließ Kondomautomaten vor der Kirche aufstellen, sammelte in der Kollekte für den Bau der Großmoschee und entfernte Wahlplakate der rechtsradikalen „Pro NRW". Außerdem kann man bei ihm den Gabelstaplerführerschein machen. 2002 erster „alternativer Ehrenbürger" Kölns.

LEKTION 22 DES TAGES

Hauptstadt der Schwulen, wir sind die Hauptstadt der Schwulen

In fremden Bundesligastadien tönt den Fans des FC Köln häufig der höhnische Chor „Hauptstadt der Schwulen, ihr seid die Hauptstadt der Schwulen“ entgegen (zur Melodie von „Guantanamera“). Dies sorgt bei den Kölnern regelmäßig nicht für Empörung, sondern für Verwirrung. Wieso misst man einer angesichts der traditionellen Kölner Toleranz nicht besonders spektakulären Tatsache solche Bedeutung bei? Es brüllt ja auch niemand den Fans von Hertha BSC zu „Hauptstadt von Deutschland, ihr seid die Hauptstadt von Deutschland“.

Tatsächlich, etwa hunderttausend Kölner sind schwul oder lesbisch. In Köln stellt der Ausruf „Ey, du alte Fummeltrine“ keine Beleidigung, sondern eine gängige Begrüßung dar. Bereits um 1900 wiesen sexualwissenschaftliche Studien besorgt auf den Bestand von mehreren Hundert Homosexuellen in der Domstadt hin und stellten Köln damit ein vernichtendes Zeugnis als moralisch verkommene Lotterbude im prüden Kaiserreich aus. Wieso dann in den Achtzigerjahren Köln tatsächlich zum schwulen Mekka wurde, ist bisher nicht geklärt. Möglicherweise liegt es am kölschen Dialekt, ein weicher Singsang mit stark femininem Einschlag. Ein zum Abschied hingebungsvoll geflötetes „Tschö-hööööööööh“ zum Beispiel enthält noch nicht einmal Spuren von Heterosexualität.

In Köln bestand auch niemals die Gefahr, dass man einer Veranstaltung wie dem Christopher-Street-Day negativ gegenüberstehen könnte. Die häufigste Reaktion der Kölner war vielmehr: „Ein Zoch durch die Stadt, wo sich alle verkleiden? Toll, kann man da noch mitmachen?"

Soziologen vermuten inzwischen tatsächlich, dass viele der Kölner Schwulen in Wirklichkeit verkappte Heterosexuelle sind, die nur aufgrund der Aussicht, am CSD-Umzug mitwirken zu können, ihre sexuelle Präferenz geändert haben. Man muss eben Prioritäten setzen.

WORT DES TAGES
Zoch
Zug

SATZ DES TAGES
Jedem Dierche sing Pläsierche.
Jedem sein Vergnügen.

FREIZEIT-TIPP DES TAGES
Gehen Sie ins „Ex Corner" im schwulen Bermudadreieck zum Event-Fernsehgucken: „The Biggest Loser" auf SAT1.

PROMINENTER DES TAGES
Jacques Offenbach (1819–1980)
Begründer der modernen Operette, in Köln geboren

LEKTION 23 DES TAGES

Brücken

Wie eng die Kölner mit ihren Brücken verbunden sind, können Sie an den Vorhängeschlössern auf der Hohenzollernbrücke ablesen. Natürlich werden auch Sie als Neukölner umgehend dort eines anbringen. Sollten Sie über keine Frau verfügen, verzagen Sie nicht. Gerade im Umfeld des Doms und Hauptbahnhofs warten zahllose Damen darauf, dass man sie an die Kette legt. Und doch, und doch … wiegen die rund hundertfünfzigtausend Schlösser geschätzte vierzig Tonnen, so viel wie ein randvoll mit Taschenrechnern beladener Sattelzug. Denn nur wer diesen nicht benutzt, kommt auf die glorreiche Idee, dass die Brücke dereinst unter der Last zusammenbrechen könnte. Mit Kölnern muss man rechnen, denn sie waren in der Kaijass op der Schull. Allein eine Lokomotive kann leicht das Doppelte wiegen.

Am Leichtesten lernen Sie die Rheinbrücken kennen, indem Sie im August am Brückenlauf teilnehmen. Bevor Sie sich jedoch in ein Starterfeld von sechstausend Läufern stürzen, sollten Sie etwas üben. Beginnen Sie zuhause mit einer handelsüblichen Brücke von ein bis zwei Metern Länge. Klappt's? Prima. Benutzen Sie nun ganz andere Brücken, auf die keiner Ihrer ehrgeizzerfressenen Konkurrenten kommt! Es gibt eine Brücke über den Aachener Weiher, vor dem Ostasiatischen Museum entlang. Man kann sie bequem in einer Minute hinter sich bringen. Nach einer wohlverdienten Pause und einem stärkenden Kölsch geht es weiter: Den Decksteiner Weiher quert die Gleueler Straße auf fünfunddreißig Metern Länge. Auch hier sind Sie gut und gerne

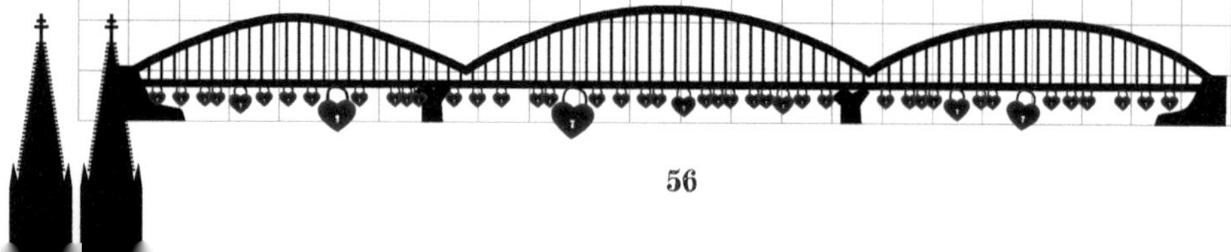

eine Minute unterwegs. **Merke:** Wo 'ne Straße trifft Gewässer, geht's mit Brücke deutlich besser, denn sonst sind die Füße nass, schlimmstenfalls sogar noch nässer.

Nur Brückenläufer aus purem Stahl werden es danach noch wagen, sich zum Fühlinger See chauffieren zu lassen. Dort harren unbarmherzig die Härteprüfungen Brücken Oranjehofstraße (achtundzwanzig Meter) sowie die Merianstraße mit furchteinflößenden hundertzwanzig Metern Länge. Wenn Sie *diese* Hindernisse stemmen, zählen Sie sofort zum innersten Favoritenkreis.

WORT DES TAGES

Flöck und höösch

Schnell und langsam

SATZ DES TAGES

Mach ma höösch!

Immer langsam, keine Hektik!

Beschreibt vom Feinsten die kölsche Lebensart. Man denke an das Stapelrecht! Alle mussten Zölle zahlen und so lange im Zollhafen rumdümpeln.

FREIZEIT-TIPP DES TAGES

Über die Hohenzollernbrücke gehen, sich ans Rheinufer setzen und den Sonnenuntergang angucken. Achtung: Funktioniert nur bei gutem Wetter.

PROMINENTER DES TAGES

Martin Lauer

Leichtathlet. 1960 mit der Staffel Olympiasieger in Rom, als Hürdenläufer auch Europameister. Später als deutscher Countrysänger erfolgreich!

LEKTION 24 DES TAGES

Leben am Fluss

Wie viele Industriestädte war Köln viele Jahre lang von dem Fluss, der hindurchfließt, mehr oder weniger abgeschnitten. Der Rhein war eingepfercht von Hafenanlagen und den anliegenden Industriebetrieben und im Stadtbild mehr oder weniger unsichtbar – wenn man nicht gerade über ihn herüberfuhr. Wenn vom Liebhaber verlassene Frauen sich in Köln ertränken wollten, konnten sie nicht – wie es sich gehört – „ins Wasser *gehen*". Nein, sie mussten schon springen. Und selbst dann klappte das mit dem Ertrinken nicht: Die Opfer starben in wenigen Sekunden an Vergiftung.

Doch inzwischen erheben sich an Stelle der Industriebrachen schicke neue Luxuswohnanlagen, durch die der Kölner nun nach Lust und Laune spazieren kann, zwischen Steuerberatungsbüros, Rechtsanwaltskanzleien und Vinotheken hindurch, an Spielplätzen vorbei, auf denen ratlose Kinder Spielgeräte anstarren, die wie moderne Kunstwerke aussehen. Manchmal sieht man einen verwirrt umherirrenden Menschen, dabei handelt es sich mit ziemlicher Sicherheit um einen der Bewohner, der seine Wertanlage, sprich sein Edelapartment mit Rheinblick, nur zwei Wochen im Jahr bewohnt und daher Probleme hat, zum richtigen Haus zu finden. Helfen Sie dem guten Mann, denn er ist nicht zu beneiden: Überall am Rhein entstehen neue Wohnanlagen, und bald wird sich die vom Makler versprochene Exklusivität in Luft aufgelöst haben. Dann gehen Sie weiter zum Rand der Nobeleinöde, und endlich haben Sie den Rhein erreicht, und den können Sie jetzt auf der ganzen Stadtlänge von Sürth bis zu den Fordwerken in Merkenich entlangwandern.

Falls es Sie tatsächlich mal ans rechte Ufer verschlägt, machen Sie ein Päuschen auf der neuen Freitreppe am Deutzer Ufer, dem Rheinboulevard. Der hat die Stadt fünfundzwanzig statt der geplanten sechs Millionen Euro gekostet (völlig überraschend stieß man beim Bau auf antike Grundmauern) – also nutzen Sie den Ort. So macht die Ausgabe wenigstens Sinn.

WORT DES TAGES

Strunze

Protzen

SATZ DES TAGES

Ömesöns es dö Dud.

Kostenlos ist nur das Dahinscheiden.

FREIZEIT-TIPP DES TAGES

Verbinden Sie Freizeit und religiöse Pflichterfüllung als guter Christ: Chartern Sie ein Boot und nehmen Sie an der Mühlheimer Gottestracht teil, einer Bootsprozession auf dem Rhein zu Fronleichnam.

PROMINENTER DES TAGES

Die heilige Ursula

Sie machte den Fehler, sich mit dem Boot aus Köln hinauszuwagen. Wäre sie schön sicher am Ufer geblieben, hätte sie sich einiges ersparen können (ihre Ermordung und die ihrer elftausend jungfräulichen Begleiterinnen durch böse Heiden).*

* Von solchen Zahlen können moderne Dschihadisten heute nur noch träumen.

LEKTION 25 DES TAGES

Luxusluden, Toptürsteher, Kultklopper

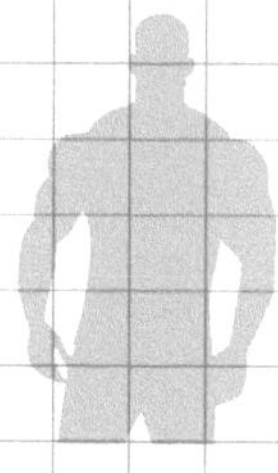

Ab und zu irrlichtern sie noch durch Talkshows, ausgediente „Rotlichtgrößen, Kiezgrößen, Originale, Halbweltgrößen". Offensichtlich keine „richtigen" Helden, für Engstirnige sind sie Kriminelle, Machos und Ewiggestrige. Doch innerhalb der Stadt Köln und im Verlag Neven DuMont handelt es sich um nennenswerte Charaktere der Zeitgeschichte. Hier die wichtigsten Namen des Who is Who der „halben Welt".

- *Schäfers Nas* hieß Heinrich, war Schläger und Türsteher und einer der Topzuhälter. Angeblich soll er gesagt haben: „Vom Dom nimmt man nicht, dem Dom gibt man höchstens." So soll Schäfer die ausgesetzte Belohnung abgelehnt haben, als er ein gestohlenes Relikt dank seiner Unterweltkontakte wiederbeschaffte. Da es um eine katholische Chose geht, liegt der Wahrheitsgehalt bei garantierten hundert Prozent!
- *Dummse Jünn,* Anton Dumm, Leibwächter von Romy Schneider, Berufsboxer, wurde im verabredeten Spitzenduell von Schäfers Nas ausgeknockt, züchtet heute Tauben. Konnte mal hundert Liegestützen auf einem Arm.
- *Hermanns Jünn* hatte einen Gitarrenkoffer mit einer Axt drin, hat angeblich nur „Theken zerschlagen", wurde deshalb auch „die Axt" genannt.
- *Abels Män,* Gottfried Abel, Rolls Royce-Fahrer, Gigolo, Nachtclubbesitzer, trug Pelzmäntel und Schlangenlederanzüge. Will mit eintausendachthundert Frauen geschlafen haben. Hat bis zu drei Flaschen Wodka pro Nacht vertilgt, ist mit sechsundsechzig gestorben.

- **Beckers Schmal**, Dieter Becker, Wirt im „Klein Köln“, managte eine Fußballmannschaft, Kölner Zuhälter (Witze übers zugehaltene Tor wären hier möglich).
- **Essers Häns**, Beiname „Indianer“, bekam angeblich seine ersten fünfzig Mark, ohne es zu wollen. Heute Taxifahrer.
- **Schmidte Udo** gab es auch. Hieß eigentlich Udo Schmidt.
- **Karate Jacky**, der sich als Weltmeister der Straße bezeichnet, Sohn eines Boxers, Leibwächter eines Puffbesitzers, ehemaliger Karatemannschaftsweltmeister, heute im Obdachlosenheim.
- **Frischse Pitter**, auch „Indianer“ genannt wegen seiner Indianertattoos am Körper. Mit sechzehn Zuhälter, mit siebzehn im Knast wegen Autodiebstahl, rangiert heute Wohnwagen zum Straßenstrich, Knoblauchlieferant (!), hat immer noch einen Golfschläger mit dabei, aber nicht, um Golf zu spielen.

WORT DES TAGES

Lejal, illejal, drissejal

Legal, illegal, scheißegal

SATZ DES TAGES

Wat nit passt, weed passend jemaht.

Was nicht passt, wird passend gemacht.

FREIZEIT-TIPP DES TAGES

Klein-Köln

Da drei Mal im Jahr im Express steht, dass es ein Geheimtipp ist, können Sie dort Leute beobachten, die Geheimtipps sehen wollen. Und schwarz-weiße Boxerfotos an der Wand.

PROMINENTER DES TAGES

Jürgen Roters

Er versuchte, dem Kölner Klüngel durch heimliche Unterwanderung von innen heraus Herr zu werden.

Tag 25

LEKTION 26 DES TAGES

Kleine Lebensmittelkunde

Spätestens zwei Wochen nach Ihrem Umzug nach Köln wird einer Ihrer ortsansässigen Freunde Sie augenzwinkernd mit folgender Frage konfrontieren: „Na, und weißt du auch, was ne *Halve Hahn* ist?", in der Hoffnung, dass Sie jetzt „Öh, ein halbes Hähnchen?" sagen. Diese Antwort würde dem kleinen Pisser die Möglichkeit eröffnen, triumphierend zu krähen „Neeee – ein Roggenbrötchen mit Gouda. Nur ein Käsebrötchen, höhöhö, da haste voll danebengelegen!" Derart nervige Situationen sollten Sie umgehen. Dazu prägen Sie sich Folgendes ein:

- *Himmel und Äd:* Himmel und Erde, ein Gericht aus Äpfeln (Himmel = wachsen oben am Baum) und zerstoßenen Kartoffeln (Äd = wachsen in der Erde). Dazu gibt's „Höll", die Hölle: Gebratene Blutwurst. Zu der kommen wir jetzt.
- *Blotwoosch:* die Blutwurst, und zwar geräuchert. Frisch nennt man sie „Flönz". Sie ist auch Bestandteil von ...
- *Kölscher Kaviar:* Wieder eine Steilvorlage für eine lustige Scherzfrage. Die Auflösung: Es handelt sich um ein Röggelchen mit einem Stück Blutwurst, dazu gibt's Zwiebeln und Senf.

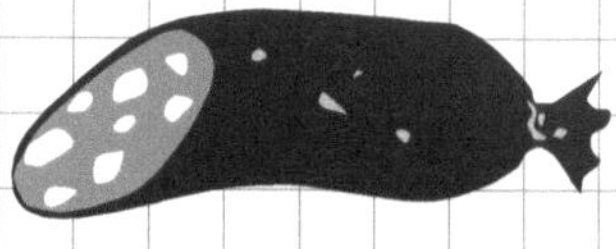

- *Hämchen:* Eisbein, Schweinshaxe. Dazu gibt's Sauerkraut („Suure Kappes").
- *Rievkooche:* Reibekuchen. Wahlweise mit Apfelkompott, Schwarzbrot, Tatar oder Lachs. Gehört zu Köln wie Rhein oder Dom. Als die Rievkoochebude vor dem Bahnhof 2004 der Neugestaltung des Platzes zum Opfer fiel, waren die

Folgen fatal: Die CDU erlitt bei den nächsten Stadtratswahlen erdrutschartige Verluste und der Kölner Erzbischof Kardinal Meisner geriet in eine so tiefe Sinnkrise, dass er versehentlich mit einem Homosexuellen, einer geschiedenen Frau und Gerhard Richter redete.

WORT DES TAGES
Plüschprumm
Pflaume mit Plüsch (= Pfirsich)

SATZ DES TAGES
Dä friss sich de Auge zo.
Der frisst sich die Augen zu.

FREIZEIT-TIPP DES TAGES
Nehmen Sie eine Woche lang keine feste Nahrung zu sich. Danach gehen Sie ins Brauhaus „Päffgen“ und bestellen die ganze Spezialitätenkarte rauf und runter. Ihr ins Maßlose gesteigerter Appetit gibt Ihnen nun die Möglichkeit, sämtliche Köstlichkeiten der rheinischen Küche auf einmal durchzuprobieren. Danach wissen Sie Bescheid.

PROMINENTER DES TAGES
Gerhard Jussenhoven (1911–2006)
Karnevals-, Volkslied- und Schlagerkomponist, gehörte zu Köln wie der kölsche Kaviar. Zu seinen bekanntesten Songs zählen „Kornblumenblau“, der „Badewannentango“ und natürlich „Sag ens Blotwoosch“.

LEKTION 27 DES TAGES

Köln alternativ

Zurecht wundern Sie sich, was die Professoren- und Oberarztpartei „Die Grünen" mit der politischen Linken zu tun hat. Nur die Älteren werden sich erinnern. So lassen Sie uns den Mantel des Schweigens gnädig über die ergrauten Bewohner saniertester Altbauten im Agnesviertel decken. Die Kölner Alternativen hingegen sehen seit Jahrzehnten so aus: Eine junge, bunte, quietschfidele Truppe besetzt ein leer stehendes Gebäude. Euphorisch wird ein „autonomes Zentrum" errichtet. Früher wurde noch die Freiheit für „alle Gefangenen" gefordert, aber das RAFft heute niemand mehr. Zufällig aber hat irgendein Besetzer, der Jürgen, der „wegen seinem Asthma" leider nicht in der ungeheizten Höhle übernachten kann, der Jürgen nämlich hat Jura oder BWL studiert und hält den anderen „ganz sicher die Behörden vom Leib." Leider begreifen die anderen zu spät, dass er sich auch die restlichen Störenfriede vom Leib hält – in seinem lukrativen Immobilienschnäppchen. Offiziell heißt das: Friedensschluss kurz vor der Zwangsräumung. Und schwupps ist der Jürgen allein zeichnungsberechtigt. Was für ein jecker Typ, der Jürgen!

Mal wurde daraus das Bürgerhaus Stollwerck, die Alte Feuerwache oder das fast nichtkommerzielle Kunsthaus-Rhenania – das sich heute gefügig in die Kranhausumge bung einpasst –, mal wurde nichts daraus im Mauritiuswall, in der Weißhausstraße oder in der Zülpicher Straße. Oder aber es entsteht ein ewiges, also stabiles Provisorium: Der

Bauwagenplatz an der Krefelder Straße 0. Die Hausnummer 0 ist natürlich kein Tippfehler, sondern programmatisch, denn offiziell gibt es dort ja keine Bewohner – kölsche Lösung eben. Sie selbst erklären sich solidarisch und verständnisvoll mit den Bewohnern und ihren verlausten Schäferhund-Pudel-Mischlingen, aber natürlich auch mit der Stadtverwaltung und kaufen vorsorglich Anteile an einem Immobilienfonds, denn schließlich braucht man auch immer mal ein neues Personalleasinggebäude. Aus reiner Solidarität, versteht sich.

WORT DES TAGES

Afjetrocke

Hat nichts mit einem Handtuch zu tun, meint vielmehr: abgezockt oder aber auch geohrfeigt.

SATZ DES TAGES

Jeder Jeck is anders.

Wird in der rheinischen Wikipedia ernstlich übersetzt mit „Übe Toleranz und Nachsicht dem anderen gegenüber, im Wissen um die eigene Unvollkommenheit."

FREIZEIT-TIPP DES TAGES

Grillen am Bauwagenplatz

PROMINENTER DES TAGES

Alice Schwarzer

Die Wuppertalerin hat dafür gesorgt, dass auf ganz vielen Dingen in Köln „Frau" draufsteht und versucht heute noch, sich reinzuwaschen von ihrer Zusammenarbeit mit dem Klassenfeind (Bild-Zeitung).

Tag 27

LEKTION 28 DES TAGES

Skulpturenpark

Liegt einzigartig. Im Gegensatz zum Stammheimer Park, der malerisch zwischen Rhein und Friedhof herumschaukelt, im Gegensatz zum Museum Ludwig, das sich als Mainstream-Dirne an den Dom anlehnt, im Gegensatz zur angewandten Kunst, die am Anfang der Fußgängerzone ihre Käuflichkeit präsentiert. Nein, der Skulpturenpark liegt zwischen der dröhnenden Zoobrückenauffahrt, der knatternden Rheinuferstraße und dem Gewusel vor dem Eingang des Kölner Zoos.

Fahren Sie hin! Umarmen Sie jede Skulptur einzeln! Singen Sie Ihrer Vergänglichkeit ein Halleluja! Jede Skulptur muss damit leben, dass dieser Park wechselnde Objekte präsentiert. Die Bäume im Park tragen ja auch nicht jedes Jahr dieselben Blätter. Und Sie als Besucher tragen auch nicht bei jedem Besuch dieselbe Unterwäsche unter Ihrem Trenchcoat. Zu einem beliebigen Zeitpunkt bestaunen Sie Folgendes, von den Autoren so zufällig ausgewählt wie von den Kuratoren zufällig ausgewählt: Weißer Zement klammert sich ringförmig um einen Baumstamm wie ein Alien ohne Verdauungsorgane. Ins Stiftungsgebäude sind acht Zusatzfenster eingeschnitten, *die man nicht braucht, die aber trotzdem da sind, aber trotzdem braucht man sie nicht, aber trotzdem sind sie da, aber trotzdem braucht man sie nicht, aber trotzdem sind sie da, aber trotzdem braucht man sie nicht, aber trotzdem sind sie da.*

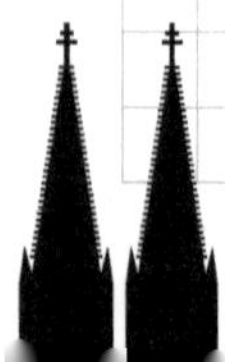

Jemand hat Kupferfolie auf die Eingangstorgitter angebracht, die brav vor sich hin oxidieren, um etwas zu symbolisieren, Vergangenes, Vergänglichkeit, das allgemeine Vergehen, den Vergehensvorgang, well, and the pink rubberduck. Ein Künstler zieht eine Schneise durch den Park, gräbt ihn einfach um, lässt zu, dass Unkraut wächst, wo normal kein Unkraut wächst, dass der Weg aufhört, wo er normal nicht aufhört.

Spielen Sie als Neukölner unbedingt Kunstexperte, indem Sie bei einzelnen Kunstwerken so demonstrativ abwinken mit großer Geste, bis einer der seltenen anderen Besucher es sieht! Das kann schon mal zwei, drei Stunden dauern, aber es lohnt sich!

WORT DES TAGES

Räsoneres

Kritiker

SATZ DES TAGES

Die sin doch all beklopp!

Ich zweifle am Geisteszustand meiner Mitmenschen!

FREIZEIT-TIPP DES TAGES

Parkplatzsuche am Skulpturenpark

PROMINENTER DES TAGES

H. A. Schult

Gehasst, geliebt, eitel und doch schon etwas vergessen

Tag 28

LEKTION 29 DES TAGES

Wie überquere ich den Barbarossaplatz? Teil 1

Diese Lektion ist nicht für den blutigen Kölnanfänger geeignet und Sie sollten sie erst in Angriff nehmen, wenn Ihnen die chaotische Verkehrsführung Kölns schon einigermaßen in Leib und Blut übergegangen ist.

Bevor Sie losgehen, ein paar grundlegende Tipps: Labile Naturen sollten der Straßenüberquerung einige intensive Meditationsübungen voranstellen, um die psychische Widerstandskraft angesichts der bevorstehenden Grenzerfahrung zu stärken.

Sobald Sie losgehen, verlassen Sie Ihre gewohnte, von Vernunft und Logik beherrschte Welt und treten in eine Art lebendes M. C.-Escher-Gemälde ein. Der Barbarossaplatz war immer schon eine belebte, unübersichtliche Kreuzung. Nach dem Krieg aber riss man kurzerhand das angrenzende Wohnviertel nieder und ersetzte es durch eine mehrspurige Hauptverkehrsstraße, was allein schon zu einem Dauerverkehrskollaps führte. Noch nicht zufrieden mit ihrem Werk, entschieden die Kölner Verkehrsplaner zusätzlich, die Ring-U-Bahn ausgerechnet etwa hundert Meter **vor** dem Barbarossaplatz ins Oberirdische zu überführen – wo sie dann eine andere Bahnlinie kreuzt, die ebenfalls gerade hier aus der Erde tritt.

Sie sehen, die vor Ihnen liegende Herausforderung ist gigantisch. Der Trick ist: Sie setzen einfach einen Fuß vor den anderen, etwa zwanzig Mal. Weiter kommen Sie eh nicht, denn spätestens dann haben Sie die nächste rote Fußgängerampel erreicht. Quälen Sie sich nun nicht mit Gedanken wie „Jetzt müsste es sinnigerweise gleich Grün werden“ (die verquere Logik, nach der Kölner Ampeln funktionieren, behandeln wir an anderer Stelle) und warten Sie einfach. Dann wiederholen Sie den Vorgang etwa ein Dutzend Mal. Und schon sind Sie angelangt, und zwar auf der Verkehrsinsel in der Platzmitte.

WORT DES TAGES

Hölp

Hilfe

SATZ DES TAGES

Do kann mer nit hinlore.

Da kann man nicht hinschauen.

FREIZEIT-TIPP DES TAGES

Gönnen Sie sich einen grünen Tee am Japanischen Teich des Ostasiatischen Museums, gleich hinter der Inneren Kanalstraße. Hier können Sie sich ganz naturnah fühlen, falls Sie einen Kopfhörer aufsetzen und eine Musikdatei mit Waldgeräuschen abspielen.

PROMINENTER DES TAGES

Meister Eckhart (1260–1328)

Mittelalterlicher Mystiker, lehrte einige Jahre in Köln und wurde hier von der Inquisition der Ketzerei angeklagt. Sein Blick ging nach innen, ins Innere der Seele – möglicherweise ein Rezept, um die städtische Hölle des Barbarossaplatzes zu überstehen.

LEKTION 30 DES TAGES

Zoooooo

Ein Zoobesuch in Köln ist eine ernste Sache, und bevor Sie die Euro für eine Jahreskarte ausgeben – was Sie auf jeden Fall tun werden! –, schauen Sie zur Sicherheit die letzten zwölf Staffeln der Zoo-Doku-Soap „Tierisch Kölsch". Merken Sie sich die Namen der prominenten Tiere, der „Reviertierpfleger" und der wichtigsten Stammbesucher. Im Prinzip alles genau wie in der Kölschkneipe an der Ecke.

Ihre mitgebrachten Kinder stellen Sie vor dem Pseudobauernhof gleich am Eingang ab, dann können Sie in Ruhe mehrere Stunden lang alle Wege abwandern, bevor Sie Ihr Blag kurz nach Sonnenuntergang wieder bei der norddeutschen Milchkuh „Mariechen" abholen. Seufzen Sie vor dem Elefantengehege „Ach, die Marlar", denn wenn es einen fetten Kölner Medienstar gab neben King Size Dick und Dirk Bach, dann den ersten gebürtigen Kölner Elefanten. Loben Sie das neue Tigergehege. Der Tiger ist zwar praktisch nie zu sehen, dafür entspricht dies ziemlich seinem natürlichen Habitat. Um den Arten gerecht zu werden, ist dies das Konzept der Zukunft. Stellen Sie sich vor die Gehege und dröhnen Sie empört: „Das ist doch viel zu eng da. Das arme Nasenbärweibchen!" Man wird es Ihnen danken und Ihre „Einheimischkeit" lobpreisen. Bringen Sie auf keinen Fall Lebensmittel mit. Kaufen Sie alles, was die Wurst- und Eisstände hergeben. Vor Ort. Um den Zoo zu fördern. Selbstverständlich wollen Sie den Zoo nicht voyeuristisch

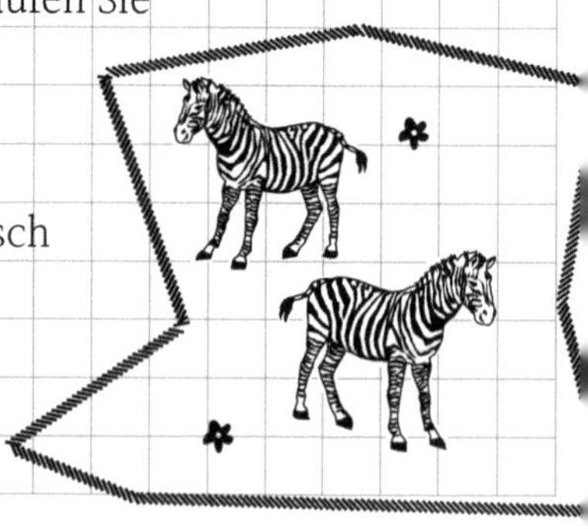

anglotzen, sondern diese „tolle Idee" ganz bewusst unterstützen. Denn wer weiß, ob es all diese schlabbrigen Mollusken, gerupften Exotenhühner und selten gesehenen Kakerlakenarten morgen noch in freier Wildbahn gibt.

Von Tierbefreiungen hingegen ist abzuraten. Viele Maulwürfe orientieren sich nur unzureichend im Gestrüpp der Kölner Innenstadt. Entlaufene Zebras werden gar von rücksichtslosen Fußgängern als Streifen missbraucht. Nur Ziegenbock Hennes darf hinaus, das aber nur mit Passierschein, Bezirksamtsgenehmigung, Veterinärerlaubnis und auch nur dann, wenn bei Niederlagen des FC keiner meckert.

WORT DES TAGES
Löv
Löwe

SATZ DES TAGES
Ne Besuch im Zoo
Dieses Lied sang Lotti Krekel, natürlich ein Hans-Knipp-Text

FREIZEIT-TIPP DES TAGES
Merke: Niemals am Teich Enten einsammeln und an die Löwen verfüttern. Die harten Entenschnäbel könnten den Großkatzen Beschwerden beim Stuhlgang verursachen.

PROMINENTER DES TAGES
Caspar Garthe
Naturforscher im frühen neunzehnten Jahrhundert, hatte die Idee zum Zoo in Köln

Tag 30

LEKTION 31 DES TAGES

Uni

Merke: Die Kölner Uni ist nur für Studenten, die in Köln einen Studienplatz bekommen. Anfangs klingt es verwirrend, aber mit der Zeit leuchtet es einem immer mehr ein. Seit 2012 ist sie offiziell exzellent.

Die Universität selbst hat fünfzigtausend Studenten, die Technische Hochschule fünfundzwanzigtausend, und die vielen Kleinen für Sport, Musik & Tanz, Verwaltung, Business, Katholizismus, Medien und Spökes kommen noch einmal auf fünfundzwanzigtausend. Macht zusammen hunderttausend Studenten. Somit ist jeder zehnte Kölner ein Student. Sie dürfen auch gern Studis sagen, da schnurren sie ganz leise wohlig. Bei dem Begriff Studierende hingegen wissen Sie, dass es aus einem Verwaltungsmund kommt. Machen Sie es sich leicht: Sagen Sie Ihrem Navi „Universitätsstraße", das bringt Sie sicher hin. Parken können Sie in jener Unterführung natürlich nicht, nicht mal halten. Nach dem dritten Mal wenden werden Sie freiwillig irgendwo seitlich hineinfahren und rund ein bis zwei Stunden um den Block kreisen, bis ein Parkplatz frei wird. Sie merken schon. Bevor man die Kölner Uni besucht, sollte man alle anstehenden Toilettengänge erledigt haben und auch für genug Proviant gesorgt haben.

Das Zentrum der Uni: die Straße unter einem Platz mit großartigen eingemalten Radwegen, die direkte Nachfolge des Kinderzimmerverkehrsübungsteppichs. Linker Hand das alte

Hauptgebäude, das so klingt und riecht, wie es im Tatort immer aussieht. Rechts das neue, das Philosophikum genannte, entstanden 1974 und so sieht es auch aus. Klingt, stinkt und ist Beton. Der echte. Hier treffen sich Skandinavisten, Altertumskundler und, äh, Numismatiker. Gehen Sie ruhig rein und schauen Sie raus. Sie werden feststellen, diese Studenten hier – selbst diese Studenten hier sind keine verlängerten Studenten, sie sind verfrühte Berufstätige. Das wirklich wahre Leben aber ist der Sommerabend am Aachener Weiher mit Frisbees, Freiluftgrillen, Freakgeklimper und feschen zwei Tonnen Müll pro Abend – wow.

WORT DES TAGES

Jeliert

Gelernt

SATZ DES TAGES

Der Student geht zur Mensa, bis er bricht.

FREIZEIT-TIPP DES TAGES

KölnCampus hören und dem Mensatipp folgen.
Keine Sorge, Nichtstudenten dürfen auch mitessen.

PROMINENTER DES TAGES

Albertus Magnus

Gründer der Universität Köln

Tag 31

LEKTION 32 DES TAGES

Werden Sie eine Sehenswürdigkeit im Belgischen Viertel

Noch Anfang dieses Jahrtausends war es ausgemacht – Touristen bevölkerten in Köln nur ausgewählte Regionen, allesamt in Bahnhofsnähe: Shoppingmeile, Messe, Kölnarena, Dom, Altstadt. Die restlichen achtundneunzig Prozent von Köln waren touristisch gesehen etwa so attraktiv wie Dinslaken oder die Randbezirke von Bitterfeld.

Doch seit ein paar Jahren weichen, vor allem samstags, die Touristenströme von den jahrzehntelang eingestampften Trampelpfaden ab und überqueren die Ringe mit einem neuen Ziel: dem Belgischen Viertel. Irgendwann haben alle Kreativköpfe, die immer schon mal einen eigenen Designshop, eine Schmuckwerkstatt oder eine alternative Kaffeebar aufmachen wollten, in einer Art konzertierter Aktion beschlossen, ihre Träume in die Tat umzusetzen – und zwar allesamt im Belgischen Viertel. Inzwischen kann man in dem Areal zwischen Venloer- und Aachener Straße sein Bier in Bars trinken, die gleichzeitig ein Waschsalon sind, und steht ratlos vor Läden, die sich Stores nennen und die *möglicherweise* Mode verkaufen oder Möbel *oder* aber ein Café sind *oder* alles gleichzeitig.

Werden auch Sie ein Bestandteil der In-Crowd: Lassen Sie sich einen struppigen Grizzly-Adams-Vollbart stehen, setzen Sie ein lustiges Pepitahütchen auf, dann lassen Sie Ihrer Kreativität freien Lauf und eröffnen einen Conceptstore, der gleichzeitig Mode, Baumaschinen, Topfpflanzen und Handyhüllen im Sortiment hat, der zudem aber auch ein Reisebüro, ein Yogastudio und eine vegane Saftbar ist, in der man außerdem sein Fahrrad reparieren lassen kann, während man die Haare geschnitten bekommt.

Dann stellen Sie sich vor Ihre Ladentür, ignorieren gekonnt die Touristenhorden, die durch Ihr Viertel pilgern, und kultivieren diesen abweisenden Blick für die Fotos, die man von Ihnen als Szeneoriginal machen wird.

WORT DES TAGES

Jeseesch

Gesicht, wie bei Brings „Sackjeseesch", meint gewissermaßen „Hodenantlitz"

SATZ DES TAGES

**Dat sin die Lück, die künne nix doför,
doch steck nit och e janz klei Stück dovon
in dir un mir ...**

Das sind die Leute, die können nichts dafür,
doch steckt nicht auch ein kleines Stück davon
in dir und mir ...
(Text der Bläck Fööss)

FREIZEIT-TIPP DES TAGES

Gehen Sie in die Kirche St. Michael, und beten Sie dort (vorher googeln, um was es sich dabei handelt).

PROMINENTER DES TAGES

Willy Millowitsch (1909–1999)

Das Wort „Volksschauspieler" war für ihn fast eine Untertreibung. Das Millowitsch-Theater liegt noch heute in der Aachener Straße, am Rand des Belgischen Viertels (als Volksbühne am Rudolfplatz).

Tag 32

LEKTION 33
DES TAGES

Umland: Dormagen, Bonn, Bergheim

Was ist die tollste Frau der Welt ohne den Autoreifenflicker an ihrer Seite? Im Freilichtmuseum Kommern entdecken Sie die Langsamkeit, das Sein und das Nichts. Hundert Jahre Einsamkeit finden Sie am Drachenfels bei Königswinter. Angeblich wohnte hier der Drache, der den Nibelungen den Schatz zwar nicht nahm, aber auch nicht gab. In Bonn bestaunen Sie Salafisten in Bad Godesberg. Bewundern Sie rechtsrheinische Weiber, die dreihundertsechzig Tage im Jahr darauf warten, dass endlich Altweiber kommt und sie ganz heimlich mit einem Kran vor dem Rathaus eine unbemerkte Stürmung vornehmen dürfen. Poppelsdorf, das Wunderland wohlhabender Witwen, die sich aus Trotz wegen des Regierungswegzugs geschworen haben, alle über hundert zu werden. Und wenn es nur ist, um die Berliner Rentenkasse zu belasten. Bergisch-Gladbach gilt als Millionärsdörfchen, ist aber im Grunde dazu da, damit Kölner einen Ort haben, um ihr neues Mountainbike zu testen. Satzvey in der Eifel rühmt sich des schönsten Weihnachtsmarktes weit und breit, ohne auch nur zu ahnen, dass es in Köln in einem normalen Winter etwa zwölf davon gibt. Doch wir wollen nicht nölen, es ist schön, von Satzvey aus wieder nach Hause zu kommen. Dasselbe gilt natürlich von Bedburg-Kaster aus. Kaster wurde von den Braunkohlebaggern verschont, damit man im Abbaugebiet wenigstens ein altes Dorf in seiner originalen Schönheit und Verträumtheit zeigen kann.

Bei der Gelegenheit fahren Sie zum Aussichtspunkt Skywalk bei Garzweiler. Vergessen Sie nicht, Ihren Kindern klarzumachen, dass diese Bagger keine lebensechten 3D-Projektionen sind, sondern lebensecht. Mit der Länge von zwei Fußballfeldern (diese Maßeinheit verstehen Kinder) sind sie die größten der Welt. Zum Schluss noch: Dormagen. Von der Feste Dormagen-Zons aus lässt sich detailreich betrachten, wieso es beim besten Willen keinen Grund, nicht einmal einen Vorwand gibt, um Leverkusen zu besuchen. Gut, die Kölner Fähre in Langel bringt sie dorthin, von wo aus man einen freien Blick hat auf den ... na, gotisches Bauwerk mit drei Buchstaben?

WORT DES TAGES

Erus

Heraus

SATZ DES TAGES

Wenn de Sonn schön schingk, weed et Wedder wieder wärm.

Wenn die Sonne schön scheint, wird das Wetter wieder warm – die Mutter aller Bläck-Fööss-Tautologien.

FREIZEIT-TIPP DES TAGES

Wandern um den Altenberger Dom mit Märchenfiguren, Waffeln mit heißen Kirschen, verstauchtem Knöchel und Stau auf der Rückfahrt.

PROMINENTER DES TAGES

Konrad Adenauer

Er war ein schlechter Demokrat, aber ein spitzen Stadtvater: Messe, Mülheim und Ford sind ihm zu verdanken.

LEKTION 34 DES TAGES

Parken

Ist heute der Tag, an dem Sie nach Köln ziehen? Gut. Dann haben Sie sicherlich für eine kleine Gebühr beim Ordnungsamt beantragt, vor der Tür einen großen Parkplatz für den Lkw abzusperren. Wenn Sie ausgeladen haben, gilt's: Sie brauchen stahlharte Nerven, etwa zehn muskulöse Hilfskräfte und Reaktionsvermögen.

Vorab haben Sie Ihr privates Auto in einem Parkplatz abgestellt. Die Tagesgebühr für zwölf Euro lohnt sich immer. Und Action! Einer fährt den Lkw weg, gleichzeitig nähern Sie sich mit Ihrem Privatwagen, die zehn Hilfskräfte blockieren mit ihren Leibern aus purem Dynamit die freie Parklücke. Nun können Sie unbehelligt einparken. Wundern Sie sich nicht über den ohrenbetäubenden Lärm. Es ist nur das Hupkonzert hinter Ihnen. Nun sind Sie ein freier Mensch, denn aus dieser Parklücke dürfen Sie Ihren Wagen natürlich nie wieder wegbewegen. Das wäre sträflicher Leichtsinn. Schließlich gibt es Gehwege, Radwege, Busse, U-Bahnen, Taxis, und im Notfall muss man in den Vororten halt auch mal durchs Unterholz kriechen.

Sollten Sie irgendwann innerhalb Kölns umziehen, vergessen Sie nicht, Ihren Parkplatz zwei Wochen vorher bei Ebay einzustellen. Von diesem Sümmchen können Sie schon mal die Mietkaution für die neue Wohnung berappen. 1969 goss Wolf Vostell einen Opel Kapitän in Beton. Noch heute weinen Liebhaber um dieses wunderbare Auto, doch es dient einem höheren Sinn. Mitten auf dem Ring zwischen Rudolfplatz und Friesenplatz mahnt es daran, dass wir uns alle zurückwünschen sollen in die Postkutschenzeit oder vorauswünschen in die Privat-City-Einkaufs-Mini-Helikopter-Zeit. Heute wird das Denkmal des ruhenden Verkehrs von Fußballfans nach gewonnenen Schlachten zum Feiern genutzt. Diese blockieren dann nämlich mit ihrem Autokorso den Ring.

WORT DES TAGES

Schlofmötz

Schlafmütze

SATZ DES TAGES

Jiv Jummi!

Der formale Hinweis eines Kölner Autoverkehrsteilnehmers an seinen Vordermann, dass dessen Fahrzeug nun einsatzfähig ist.

FREIZEIT-TIPP DES TAGES

Besichtigen Sie die Fordwerke.

Bei den Führungen des Werks in Merkenich wird die komplette Montage eines Fahrzeugs gezeigt. Wenn Sie die Herstellung einzelner Teile sehen möchten, buchen Sie gleich im Anschluss eine Südostasienrundreise.

PROMINENTER DES TAGES

Schumi

Er ist kein Kölner, hat hier auch nie gelebt, fuhr auch kein Kölner Auto, und doch hat sich der Homo Erftensis immer nach Kölle angefühlt. Gas geben und auf dem Ring im Kreis fahren. Davon träumen Kölner heute noch.

LEKTION 35 DES TAGES

French Connection

1794 marschierten die Franzosen auf Köln zu. Die Kölner waren sich einig: Sie hatten sich damals bei der Schlacht bei Worringen 1288 tapfer geschlagen, davon musste man sich immer noch erholen. Also übergaben sie den napoleonischen Truppen den Stadtschlüssel und öffneten den Besatzern die Tore (was eigentlich überflüssig war, denn die Franzosen hatten ja jetzt den Schlüssel). Bis zu diesem Tag war die Stadt ein Symbol für wirtschaftliche und sonstige Rückständigkeit gewesen. Die einsetzende Industrialisierung war an Köln komplett vorbeigegangen.

Die Franzosen räumten tüchtig auf: Große Teile des Kirchenbesitzes wurden enteignet, erstmals gab es ein schriftlich niedergelegtes bürgerliches Recht, den Code Civil, die Protestanten wurden gleichberechtigt, die Juden bekamen Wohnrecht, die Häuser Nummern. Straßenbeleuchtung wurde eingeführt, ebenso Müllabfuhr, einheitliche Münzen, Maße und Gewichte, die Zünfte wurden abgeschafft und die Gewerbefreiheit eingeführt, außerdem die Pockenimpfung. Kurz: Das Mittelalter in Köln war endlich vorbei, in kurzer Zeit wurde man zur größten rheinischen Handels- und Gewerbestadt. Als die Franzosen 1815 wieder abzogen, folgten ihnen auf dem Fuß die Preußen, die weitere hundert Jahre lang dafür sorgten, dass die Stadt vernünftig verwaltet und sogar der Dom fertiggebaut wurde.

Die Franzosen aber blieben unvergessen. Nicht nur, dass sie „Eau de Cologne“ gesellschaftsfähig gemacht hatten, ihre Gewohnheit, die Häuser der Stadt einzeln zu zählen (vom Dom aus), gab sogar der bekanntesten Kölnischwassermarke ihren Namen, deren Stammsitz sich im Haus Nr. 4711 befand. Dazu kamen jede Menge sprachliche Hinterlassenschaften: Etwas „uss der Lameng“ machen (aus dem Ärmel schütteln), „Trottewar“ (von Trottoir), „Bajasch“ (die Verwandten, der Familienanhang, von Bagage = Gepäck), „Plümmo“, „Paraplü“, „Pläsier“.

WORT DES TAGES

Fisimatenten machen

Blödsinn anstellen

Wird meist auf „Visite ma tente“ (Komm in mein Zelt) zurückgeführt, den einladenden Ruf der französischen Soldaten in Richtung der kölschen Mädchen. Kommt aber tatsächlich aus dem Mittelalter von „Visae Patentes“, das bedeutete so etwas wie „überflüssige Schwierigkeit“. Enttäuschend, also vergessen Sie das sofort wieder.

SATZ DES TAGES

Der verdröck sich op französisch.

Der geht, ohne sich zu verabschieden.

Ein Satz, der möglicherweise auf die französischen Soldaten zurückgeht, die zur Zechprellerei neigten.

FREIZEIT-TIPP DES TAGES

Shoppen Sie im 4711-Stammhaus in der Glockengasse 4, wo Sie empört nach der fehlenden "711" fragen und als Entschädigung einen Preisnachlass fordern .

PROMINENTER DES TAGES

Johann Sulpiz Melchior Dominikus Boisserée (1783–1854)

Kunstsammler, Architekturhistoriker und Förderer des Domweiterbaus. Wurde unsterblich, als er 1816 den mittelalterlichen Fassadenplan für den Dom entdeckte.

LEKTION 36
DES TAGES

Nubbel

Die Staatsanwaltschaft Köln hat längst aufgegeben. Selbst die Zeitungen und andere lokale Medien schlagen die Hände über den Kopf angesichts des Unfassbaren. Der größte Verbrecher aller Zeiten ist den Offiziellen wieder mal entwischt. Seit den Zwanzigerjahren des neunzehnten Jahrhunderts versucht man, diesem Übergangster das Licht auszublasen, und nur mithilfe des Satans konnte er sich immer und immer wieder der rechtmäßigen Strafe entziehen. Früher trug er zur Tarnung den Namen Zacheies. Wieder und wieder hat man ihn zu Grabe getragen, doch vergebens. Dieser Saukerl! In Poll wirft man ihn in den Rhein und fischt ihn am ersten Mai wieder heraus, weil sich die Fische über seinen Gestank beschweren.

Hier nur ein winziger Auszug aus seinem beispiellosen Sündenregister: Als Bomberpilot zerstörte der Nubbel im Zweiten Weltkrieg Köln zu achtzig Prozent. In der Folge verhinderte er gar, dass Köln deutsche Bundeshauptstadt oder nordrhein-westfälische Landeshauptstadt werden konnte. 1974 verschuldete der Nubbel die Pleite der Herstatt-Bank, wodurch viele Kölner ihre Einlagen verloren. 1991 zettelte der Superverbrecher gar den Golfkrieg an, um den Kölner Rosenmontagszug zu verhindern, doch unverwüstliche Karnevalisten ließen sich nicht einschüchtern und zogen dennoch durch die Stadt. Der Satansbraten schämte sich nicht, den 1. FC Köln in den Jahren 1998, 2002, 2004, 2006 und 2012 fünf Mal absteigen zu lassen. Von seiner

Bestechung des Torwartes Manglitz beim Bundesligaskandal ganz zu schweigen. 2004 beging er das Attentat in der Keupstraße, 2009 durchwühlte er den Untergrund unter der Südstadt so heftig, dass das Kölner Stadtarchiv einstürzte.

Wenn Sie dem Nubbel begegnen, sprechen Sie ihn nicht an, reichen Sie ihm nicht die Hand, rufen Sie Polizei, Feuerwehr und die Armee. Wenn Sie ihm aber habhaft werden und für immer unschädlich machen, wird man Ihnen einen Orden verleihen für den tierischen Ernst, ein Denkmal errichten und eine Straße nach Ihnen benennen. Mit oder ohne Straßenschild.

WORT DES TAGES
Afjebrannt
Pleite

SATZ DES TAGES
Dat wor dä Nubbel!
Das war der Nubbel!
Antwortruf auf die Verlesung der Chefanklageschrift gegen den größten Verbrecher der Gegenwart.

FREIZEIT-TIPP DES TAGES
Besuch des Karnevalsmuseums im Maarweg 134

PROMINENTER DES TAGES
Ex-Polizeipräsident Wolfgang Albers
Konnte sich in der Silvesternacht 2015 nicht um die Nafriübergriffe kümmern, da ihn der notorische Dauertäter Nubbel schwerst beschäftigte.

LEKTION DES TAGES 37

Sich in Köln orientieren

Die Kölner Stadtverwaltung hat klare Prioritäten gesetzt und in Anschaffung und Erhalt unzähliger Ampeln investiert und als Ausgleich dafür an Straßenschildern gespart. Als Folge kann man an vielen Stellen der Stadt nennenswerte Strecken zurücklegen, ohne einen Hinweis zu erhaschen, wo zum Henker man sich gerade befindet.

Das macht natürlich durchaus Sinn: Da man eh ständig minutenlange Wartephasen an roten Ampeln verbringt, kann man diese Zeit auch sinnvoll nutzen und einen vorbeigehenden Passanten nach dem Weg fragen.

Vielleicht hat aber auch die Omnipräsenz des Kölner Doms die Verkehrsplaner zu einem gewissen Schlendrian verleitet. Die beiden prägnanten Türme tauchen – egal wo in Köln man sich gerade befindet – immer mal wieder am Horizont zwischen zwei Häuserzeilen auf und helfen dem Umherirrenden bei der Orientierung. Wozu sich da noch mit dem Anbringen überflüssiger Straßenschilder belasten?

Wenn es Ihnen nach langem Suchen und Fragen schließlich gelungen ist, den Namen der Straße, durch die Sie gerade gurken, herauszufinden, dürfen Sie trotzdem eines nicht vergessen: Dass Sie wissen, wo Sie sich in Köln befinden, ist nur die halbe Miete. Denn es gibt etwas, das der Kölner Verkehrsplaner noch mehr liebt als Ampeln: Einbahnstraßen. Wagen Sie sich daher *niemals* ohne Navi in die Stadt. Sonst kann es vorkommen, dass Sie sich, obwohl Sie sich Ihrem Ziel schon bis auf hundert Meter genähert hatten, von der Verkehrsführung abgedrängt plötzlich in Bergheim, Frechen oder Dormagen wiederfinden – oder gar auf der anderen Rheinseite, der „Schäl Sick". Und *das* wollen Sie nun wirklich nicht!

WORT DES TAGES

Söke

Suchen

SATZ DES TAGES

Dat krijje ich nit in de Kopp!

Ich kann das einfach nicht verstehen!

FREIZEIT-TIPP DES TAGES

Machen Sie zu zweit einen Ausflug zum Dom. Auf der Domplatte lassen Sie dann Ihrem Spieltrieb freien Lauf: Wer zuerst zehn asiatischen Touristen ins Bild läuft, hat gewonnen und darf die Domschweizer ärgern.

PROMINENTER DES TAGES

Die namenlosen persischen Taxifahrer in Köln, denen der Autor und Philosoph Richard David Precht sein Buch „Erkenne die Welt" gewidmet hat.

LEKTION 38 DES TAGES

Städtepartnerschaften (Europa)

Mit Barcelona verbindet Köln von vornherein die Lage am Wasser, klar, die frühe Ansiedlung der Römer, klar, die Existenz eines, ähm, erfolgreichen Fußballvereins. Daher ist man seit 1984 verstädtepartnert, und Sie sollten mindestens jede Gelegenheit wahrnehmen, dort den Urlaub zu verbringen, wenn der FC gegen den CF in der Champions League gegeneinander antreten. Ein weiterer prominenter Partner ist Berlin-Neukölln, nichts liegt näher als das! Neukölln ist multikulti, arm, aber sexy, und der größte Arbeitgeber ist die Stadtverwaltung – fast schon unheimlich, finden Sie nicht? Wenn es jetzt noch Karneval gäbe …

Die rumänische Stadt Cluj (Klausenburg) ist besonders dann einen Besucht wert, wenn Sie sich für unvollendete gotische Kirchen interessieren, aber auch für Transsilvanien im Allgemeinen, für Vampirismus im Speziellen, womöglich sogar für Graf Dracula sowie diverse Techniken des Blutsaugens. In der Vergangenheit haben zahlreiche Beamte des Kölner Finanzamts diesen liebreizenden Partnerstadtblutsaugern einen ganz formalen Besuch abgestattet.

Die Parallelen Kölns mit der irischen Stadt Cork verschlagen einem den Atem: Das Klima ist nass und windig. Hier wurde der letzte Drachen des Landes getötet (Siebengebirge!), die Bevölkerung ist streng katholisch, die Hauptkirche gotisch und die Sprache ein wenig gewöhnungsbedürftig. Skol, Miss Sophie!

Ganz etwas Besonderes stellt die Ringpartnerschaft mit gleich mehreren Städten wechselseitig dar: Turin, Lille, Rotterdam und Esch-sur-Alzette in Luxemburg.

Alle diese Städte haben natürlich gemeinsam, dass sie am Wasser liegen, dass es die eine oder andere Kirche gibt und dass gut und gern gefeiert wird!

WORT DES TAGES

Floch

Flug

SATZ DES TAGES

Do simmer dabei, dat is prima, viva Neu-Colonia!

Da sind wird dabei, das ist prima, viva Neu-Colonia!

FREIZEIT-TIPP DES TAGES

Besuchen Sie sämtliche Partnerstädte Kölns.
Das sollte für diesen Tag dann reichen.

PROMINENTER DES TAGES

Andreas Hupke

Der Kölner Bezirksbürgermeister Innenstadt ist Vorsitzender des Städtepartnervereins Köln-Liverpool und angeblich auch Beatles-Fan.

LEKTION 39
DES TAGES

Dein Name sei „Köln“

Der Kölner liebt es, sich in aller Ausführlichkeit darüber auszulassen, dass in seiner Stadt so gut wie alles schiefläuft. Nur eines schafft ihm noch größere Befriedigung: Darzulegen, warum Köln die beste Stadt der Welt ist.

Kein Zweifel – der Kölner ist ein eingefleischter Lokalpatriot. Dies zeigt sich auch an den Gebäuden, die in Köln errichtet werden. Wenn es darum geht, hier Namen zu vergeben, treffen sich Arbeitsgruppen und Kommissionen und erörtern jeden noch so abwegigen Vorschlag. Doch eines ist von vornherein immer klar: Das Wort *„Köln“* muss irgendwie mit drinstecken.

So heißt der Fernsehturm, das höchste Bauwerk der Stadt, selbstverständlich *„Colonius“*. Das höchste Bürohaus trägt den Namen *„Köln-Turm“*, das höchste Wohngebäude ist als *„Colonia-Haus“* bekannt geworden, und der spektakulärste Neubau der letzten Jahre am Rheinufer hat eine Dreiecksform und wurde folgerichtig *„Köln-Triangle“* benannt. Als man um die Jahrtausendwende Deutschlands größte Multifunktionsarena baute, verstand sich von selbst, dass diese nur einen Namen haben konnte: *„Köln-Arena“*.* Beim zeitgleich entstandenen neuen Einkaufszentrum wollte man nicht nachstehen und verlieh ihm die Bezeichnung *„Köln Arkaden“*. Selbst die Einkaufpassage im Bahnhof reiht sich ein: Hier shoppt man in den *„Colon-aden“*.

* Die schnöde Gier nach Werbeeinahmen hat allerdings dazu geführt, dass die Halle inzwischen in „Lanxess-Arena“ umbenannt wurde.

Auch Sie sollten sich diesen Lokalpatriotismus so schnell wie möglich in Fleisch und Blut übergehen lassen. Befestigen Sie also ein großes Plakat an der Tür Ihrer winzigen Zweizimmerwohnung, auf dem Sie Besucher darauf hinweisen, dass sie hier die „Cologne-Estates" betreten. Führen Sie Ihre Freunde dann in die „Köln-Lounge" oder bei schönem Wetter hinaus auf die „Colonia-Balkonaden", um ein wenig zu plaudern, zum Beispiel darüber, warum „Kölsch" „Kölsch" heißt.

WORT DES TAGES

Kölle

Köln oder: jemanden foppen

SATZ DES TAGES

**Do bes en Stadt met Hätz un Siel,
hey Kölle, do bes e Jeföhl!**

Du bist eine Stadt mit Herz und Seele,
hey, Kölle, du bist ein Gefühl.

Es soll Kölner geben, die beim gemeinsamen Singen dieser Liedzeilen keine feuchten Augen bekommen – aber wahrscheinlich ist das nur eine Legende, die von herzlosen Sauerländern in die Welt gesetzt wurde.

FREIZEIT-TIPP DES TAGES

Genießen Sie mit Ihrem Partner ein Galadinner im Edelrestaurant auf der dreißigsten Etage des Kölnturms. Schauen Sie dabei hinunter auf die Stadt und machen Sie einen kleinen Wettbewerb: Wer weniger Gebäude mit „Köln" im Namen entdeckt, übernimmt die Rechnung.

PROMINENTER DES TAGES

Trude Herr (1927–1991)

Schauspielerin, Theaterchefin und so kölsch wie nur was

LEKTION 40 DES TAGES

Grillen im Grüngürtel

Der innere Grüngürtel ist auf dem Großteil seiner Fläche gewissermaßen die Basisversion einer Parkanlage. Während übereifrige Landschaftsplaner in anderen Städten oft die Tendenz haben, gestalterisch in die Parkszenerie einzugreifen, hat man in Köln diesen Schnickschnack souverän zurückgewiesen: Der Grüngürtel, angeschmiegt an Autobahnzubringer, Hauptverkehrsachsen und die zentrale Nord-Süd-Bahnlinie, besteht im Wesentlichen aus großen, planen Rasenflächen, die ein wenig so wirken, als habe man einfach vergessen, hier Häuser hinzubauen. Da wo es landschaftlich interessanter wird, ist nicht Planung die Ursache, sondern der Zweite Weltkrieg: Die malerischen Hügel sind nichts anderes als die begrünte Schutthalde, unter der die Überreste des zerstörten Köln begraben sind.

Doch gerade diese gestalterische Zuruckhaltung macht vermutlich die entspannte Atmosphäre aus, die den inneren Grüngürtel auszeichnet. „Betreten verboten"-Schilder sind hier undenkbar – es gibt ja eh nichts, das man kaputtmachen oder zertrampeln könnte.

Das eigentliche Grüngürtelflair entwickelt sich an lauschigen Sommerabenden beim gemeinsamen Grillen. Dabei gibt es allerdings für den Neuling einiges zu beachten, damit er sich nicht von der Masse seiner Mitgriller abhebt:

- Benutzen Sie einen billigen Einweggrill. Damit brutzeln Sie nicht nur Ihre Würstchen schön durch, sondern verwandeln auch gleich den darunterliegenden Rasen in ein schmackhaftes Grillgemüse.

- Entsorgen Sie die heiße Asche, solange sie noch schön glüht – und zwar unbedingt in einen bis obenhin mit Papier- und Plastikmüll gefüllten Mülleimer. Ein kleines Feuerchen spendet Wärme und Orientierung für umherirrende Wildpinkler.
- Verstreuen Sie Servietten, Becher und halbgegessenes Gammelfleisch in einem lustig gesprenkelten Muster über die Rasenfläche. Das ist künstlerisch wertvoll, immerhin hat Köln einen Ruf als Kulturmetropole zu verlieren.

  So erweisen Sie sich als echter Lokalpatriot.

WORT DES TAGES

Schwitt

Clique, Menge

SATZ DES TAGES

De janze Schwitt triff sich Sambsdaachs im Jröönjödel.

Die ganze Clique trifft sich samstags im Grüngürtel.

FREIZEIT-TIPP DES TAGES

Machen Sie einen Ausflug in den Äußeren Grüngürtel.

PROMINENTER DES TAGES

Hans Böckler (1875–1951)

Er war erster Vorsitzender des Deutschen Gewerkschaftsbundes (DGB) und liegt auf dem Melatenfriedhof begraben. Am Rand des Grüngürtels wurde ein Platz nach ihm benannt.

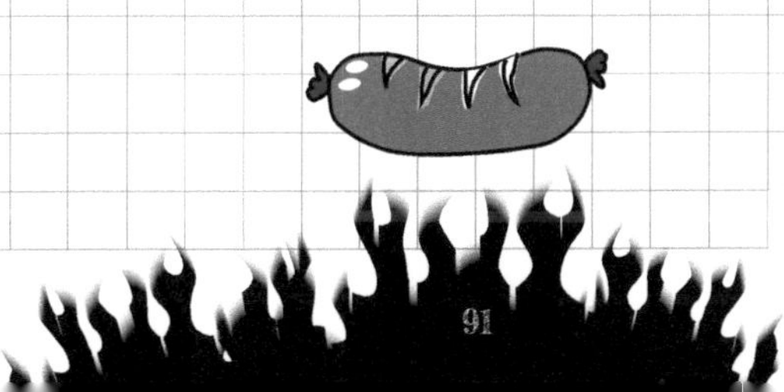

Tag 40

LEKTION DES TAGES 41

Eifeltor

Dies hier ist was für die Jungs. Neukölnerinnen, die ihren Neukölnern etwas zum Vatertag schenken wollen, werden hier in Köln-Klettenberg fündig. Man kann ganz kostenlos und ohne steuerliche Aufschläge etwas ganz Einzigartiges besichtigen: Dienstleistungen.

Am Containerterminal Köln-Eifeltor werden jeden Tag achthundertfünfzig Lkw abgefertigt. Das heißt, Container werden von der Straße auf die Schiene umgeladen und umgekehrt. Hierzu sind sechs feste und zwei mobile Containerverladekräne im Einsatz. Es riecht nach Öl, nach Diesel, nach Schweiß. Es klingt nach quietschenden Scharnieren, rasselnden Ketten, bollerig brummenden Motoren. Hier bin ich Mann, hier darf ich's sein. Ein Fünftel des ganzen deutschen Containerumschlags findet hier statt. Der Bund hat gerade siebenundvierzig Millionen Euro in die Anlage gesteckt, das berühmte Konjunkturpaket. Viertausend Züge knirschen hier jährlich auf den Schienen herein und heraus, die zweitgrößte Anzahl nach Hamburg.

Der Autohof nebenan hat natürlich vierundzwanzig Stunden geöffnet, ist fünfunddreißigtausend Quadratmeter groß und hat die größte Lkw-Waschanlage weit und breit. Techno-DJs samplen hier ihre Sounds. Gleich neben dem Gelände ist Sperrbezirk, aber am Rand, da passiert der andere Schwerverkehr, der mit leichten Mädchen. Ein aktueller Ortstermin ließ auf rund dreißig liebedienende Wohnwagen blicken, hier ist der Brummi-Straßenstrich. Eine Zeit lang hieß es, es werde ein Laufhaus entstehen, mit Steuerkarte, Anmeldung, pipapo. Doch die Anwohner fürchten, dass dann die ganze Gegend sexindustriell verseucht würde. Dann lieber Wohnwagen mit roten Herzchen dran.

WORT DES TAGES

Flüppche

Leichtsinniges Mädchen

SATZ DES TAGES

Poppe, kaate, danze - dat kannste!

Kopulieren, Kartenspielen und tanzen – das kannst du! (Songrefrain von Brings, gerichtet an klassisch organisierte Karnevalisten)

FREIZEIT-TIPP DES TAGES

Rotlichtführung von „Stadtgeschichten Köln"

PROMINENTER DES TAGES

Karl Lauterbach

Gesundheitspolitiker, will die Bürgerversicherung, keine Zwei-Klassen-Medizin, ist gegen das dreigliedrige Schulsystem, mit anderen Worten, ein heftig streitbarer linker SPD-Mann. Er war lange Dr. med. und Professor, bevor er Arzt wurde. Passionierter Fliegenträger.

Tag 41

LEKTION DES TAGES 42

Wie überquere ich den Barbarossaplatz? Teil 2

Wenn Sie bei Teil eins dieser Lektion gut aufgepasst haben, sollten Sie nun die Mitte des Barbarossaplatzes erreicht haben, eine Art Verkehrsinsel, auf der sich die Straßenbahnstation befindet. Glückwunsch dazu – aber Vorsicht: Sie sind noch lange nicht durch.

Nun ist es von entscheidender Wichtigkeit, dass Sie den Blick nicht umherschweifen lassen, sodass die umstehenden grauen Betonklötze bestenfalls in Ihrem peripheren Sichtbereich verbleiben. Leichtsinnige Naturen, die diese Vorsichtsmaßregel außer Acht lassen, verfallen anhand der einzigartigen Ansammlung schwerster Bausünden häufig in eine Art katatonische Schreckstarre. Mehrmals wöchentlich muss die Feuerwehr unvorsichtige Passanten abtransportieren, die auf diese Weise hilflos mitten auf dem Barbarossaplatz gestrandet sind. Diese Anfälle sollte man nicht verwechseln mit dem Heulkrampf, der viele Fußgänger unvermittelt beim Anblick erbarmungsloser, lebensfeindlicher Trostlosigkeit überkommt. Hierbei handelt es sich um das sogenannte Ebertplatzsyndrom.

Gerade unerfahrene Barbarossaplatzüberquerer verlässt an dieser Stelle auch häufig der Mut angesichts der Aufgabe, die vor ihnen liegt. Hier gilt: Sammeln Sie all Ihre Kräfte, denken Sie an etwas Schönes, zum Beispiel an die Lieben daheim, die sehnsüchtig auf Sie warten, oder an die Freunde, die voller Bewunderung an Ihren Lippen hängen werden, wenn Sie von dieser Heldentat berichten.

Getröstet von solchen Gedanken stellen Sie sich an die nächste Ampel – und dann wiederholen Sie die Prozedur, die Sie bereits in die Platzmitte gebracht hat. Mit etwas Glück sind Sie dann in knapp einer halben Stunde auf der Gegenseite angelangt und können auf die Knie sinken, den Boden küssen und in ein unkontrolliertes Schluchzen der Erleichterung ausbrechen. Glückwunsch – noch ein, zwei Jahre und Sie werden sogar in der Lage sein, die Höchstschwierigkeit zu meistern: mit der Straßenbahn am Barbarossaplatz umsteigen.

WORT DES TAGES

Trottewar

Bürgersteig (von Französisch: Trottoir)

SATZ DES TAGES

Da pack ich mir an de Kopp!

Da fass ich mir an den Kopf!

FREIZEIT-TIPP DES TAGES

Sie brauchen etwas Ruhe nach dem hektischen Großstadtlärm? Besuchen Sie ein Heimspiel von Fortuna Köln. Das entspannt so zuverlässig wie ein Kamillenbad.

PROMINENTER DES TAGES

Wolfgang Graf Berghe von Trips (1928–1961)

In Köln geborener Formel-1-Rennfahrer. Vermutlich ließ ihn die Verzweiflung über den stehenden Verkehr am Barbarossaplatz die Freiheit der Rennstrecken suchen.

LEKTION 43 DES TAGES

Hellers

Kölsch trinken kann jeder. Kölsch brauen können schon viel weniger. Und Bio-Kölsch braut nur einer. Genau genommen die Erben von Hubert Heller. Schon als Kind kam der Bamberger nach Köln und die Gastronomie steckte ihm von Anfang an im Blut. Legendär im Kwartier Latäng ist seine Kneipe Hatsch. Die weiteren Stationen waren das „Museum“ an der Zülpicher Straße, das Deutsche Bierhaus – mit stolzen siebzehn Biersorten vom Fass! – und nicht zuletzt der Biergarten im Volksgarten, ein Coup der Sonderklasse. Die Lage am See ist heute noch erste Ausflugssahne im Sommer.

Aber Heller war mehr als ein Gastronom. Als Bamberger Bub wollte er natürlich Bier selbst brauen. Entscheidend zu jenen Zeiten war die Macht der großen Brauer, die fast alle Ladenlokale besaßen. Also lautete Hellers Motto: Ich braue mir's eben selbst! Zur richtigen Zeit fischte er das Schlüsselwort der frühen Neunzigerjahre auf: Bio. Es gab Biobrot, Biogemüse, Bio-was-nicht-alles, aber eben kein Bio-Kölsch. Dem Getränkehersteller Flimm kaufte er die Lokalität ab. Das Problem war nur, dass sein selbst gebrautes Wieß, ein infiltriertes obergäriges Bier, gar nicht gut ankam. Nur mit Zähigkeit, aber vor allem mit dem Brauen eines weitgehend klassischen Kölschs gelang auch dem Brauer Heller der Durchbruch. An der Roonstraße wird gebraut, gezapft, gekocht und getanzt. Neben den Braukesseln liegt Hellers Biergarten, angrenzend die Roonburg.

Die Bierpalette hat Hellers Tochter Anna, die nach Hubert Hellers Tod 2010 die Geschäfte übernahm, im Sinne des Vaters weiterhin erweitert. Heute gibt es neben Wieß und Kölsch auch noch Pils, Maibock, Weizen und ganz neu und geradezu konterrevolutionär: Alt.

WORT DES TAGES

Kalle

Plaudern, labern

SATZ DES TAGES

De Schnüss zo schwaade bringt mer nix.

Nur angeben hat keinen Wert.

FREIZEIT-TIPP DES TAGES

Werden Sie Kölsch-Sommelier und laden Sie alle Ihre Freunde zu einer Kölsch-Verköstigung ein. Wer alle Sorten voneinander unterscheiden kann, wird Ehren-Köbes.

PROMINENTER DES TAGES

Kallendresser

Jemand, der in die Regenrinne kotet, z. B. am Rathausturm als Figur. Im weitesten Sinne ein respektloser Mensch. Angeblich gab es einen historischen Fall, wo ein Zimmermann in die Regenrinne kackte, just als unten auf der Straße der Erzbischof vorbeiging. Bei Hellers wird ein hauseigener Kräuterlikör ausgeschenkt: der Kallendresser.

Tag 43

LEKTION 44 DES TAGES

Wie verhalte ich mich in einer Kölner U-Bahn-Station?

Der Kölner gilt allgemein als Mensch mit rascher Auffassungsgabe, den nichts so schnell verblüffen kann. Von dieser optimistischen Einstellung waren offensichtlich auch die Kölner Verkehrsbetriebe beseelt, als sie ihr Tarifsystem schufen.

So findet sich die Universalfahrkarte fürs Stadtgebiet, die Sie mit etwa neunzigprozentiger Wahrscheinlichkeit erwerben müssen, am Ticketautomaten unter der Bezeichnung „1b". Nicht „1", nicht „1a" – nein, „1b". Ein häufiger Anblick in U-Bahn-Stationen in Domnähe sind verwirrte Touristen, die verzweifelt versuchen, ein Ticket für eine Normalfahrt zu erwerben, und ebenso verzweifelt wie vergeblich die Taste für Tarifgruppe „1" suchen. Als Neu-Kölner können Sie hier mit Ihrer intimen Kenntnis des Tarifdschungels punkten. Fragen Sie die hilflosen Kölnbesucher einfach nach deren Fahrtziel. Dann machen Sie – egal, wie die Antwort ausgefallen ist – ein nachdenkliches Gesicht, legen die Stirn in Falten und lächeln schließlich weise und antworten dann in jedem Fall: „Die Strecke kenn ich – das ist Taste 1b." Dankbare Bewunderung angesichts Ihres beinahe übernatürlichen Orientierungsvermögens im Stadtgebiet wird Ihnen gewiss sein.

Ein weiterer Fehler, der dem unerfahrenen Neu-Kölner häufig unterläuft: Er versucht, die U-Bahn-Rolltreppen zu benutzen. Als echter Einheimischer belächeln Sie diese Narretei – wissen Sie doch, dass die Chance, eine funktionierende Rolltreppe in einer Kölner U-Bahn-Station zu erwischen, nicht größer ist, als die auf ein Dutzend aufeinanderfolgende Hauptgewinne im Euro-Lotto. Sucht man im Rest des Landes ein Beispiel für eine Tautologie, also eine sprachliche Figur, bei der das beigefügte Adjektiv dasselbe aussagt wie das Subjekt, verwendet man meist „Weißer Schimmel“ oder „Schwarzer Rappe“ – in Köln benützt man „Kaputte KVB-Rolltreppe“.

Also: Umgehen Sie souverän die defekte Stolperfalle und steigen Sie mit leichtem Schritt die Stufen hinunter. Das wird Sie als echten kölschen Jung ausweisen.

WORT DES TAGES

Verdötsch

Verwirrt, idiotisch

SATZ DES TAGES

Ich fahr schwatz met de KVB,
de Markfufzisch dät denne och nit wieh.

Ich fahre schwarz mit der KVB, die 1,50 Mark tut denen auch nicht weh.
(aus dem Song „Müngersdorfer Stadion“ von Jürgen Zeltinger)

FREIZEIT-TIPP DES TAGES

Vergessen Sie die U-Bahn. Wenn Sie schon unter die Erde wollen, dann besuchen Sie das Praetorium – ein unterirdisches Museum, das Sie ins römische Köln entführt, in eine einfachere, unkompliziertere Zeit.

PROMINENTER DES TAGES

Jürgen Zeltinger

Kölner Rocksänger, größter Hit: „Müngersdorfer Stadion“

LEKTION 45
DES TAGES

Köln-Krimis

Sie können nicht in Köln leben, ohne Köln-Tatorte zu gucken. Da diese aber aus unerfindlichen Gründen nicht rund um die Uhr ausgestrahlt werden, greifen Sie selbstverständlich zu gedruckten Krimis. Nicht irgendwelchen Krimis. *Köln*-Krimis. Sie sind – oft – in Köln geschrieben, in Köln verlegt, werden freilich in Köln verkauft und, ja, wollen von Ihnen gelesen werden.

Alles begann 1984 mit „*Tödlicher Klüngel*" von Christoph Gottwald, der bis heute in Nippes lebt und ansonsten auch Drehbücher verfasst. Der Emons-Verlag, heute noch unter der Ägide von Hermann-Josef Emons, wurde im selben Atemzug gegründet und ist stets am Ball geblieben. Bis heute sind rund fünfzig Köln-Krimis in diesem Haus erschienen. Aber damit ist es noch lange nicht vorbei. Einige WDR-Tatorte mit Behrendt und Bär wollen auch in gedruckter Form gelesen werden, natürlich wären da noch die Köln-Krimis für Pänz. Keine Sorge, falls Sie mit dem Programm von Emons durch sind, warten da noch einige Exemplare aus den Häusern Goldmann, Bastei Lübbe, KBV, Ullstein, Haffmans …

Der erfolgreichste Köln-Krimi war „*Tod und Teufel*" von Frank Schätzing, 1995 erschienen. Die Kritik lautete wie auch bei anderen Schätzingromanen: mangelnde Figurentiefe, und zu weitschweifig. Wer sich durch „*Der Schwarm*" gekämpft hat, weiß, was gemeint ist.

Aber was soll's? Hauptsache, äh, Köln. Genau, wann ist denn nun ein Köln-Krimi ein solcher? Kreuzen Sie jetzt an, wenn

A) er praktisch nur in Köln spielt.
B) er von vorne bis hinten in Köln spielt.
C) die Handlung rund um den Dom zu Köln abläuft.

Die Auflösung gibt es in Köln-Kalk im Walter-Pauli-Ring 2–6 oder unter der Telefonnummer (02 21) 22 90.

WORT DES TAGES

Schuss

Nicht nur das Abfeuern einer Kugel,
sondern in Köln auch: eine schöne Frau

SATZ DES TAGES

Der Wolf stand auf der Anhöhe und fixierte den goldbeschienenen Ring der großen Mauer.

Beginn von „Tod und Teufel"

FREIZEIT-TIPP DES TAGES

Kölner Krimidinner, natürlich spannend:
Man kann sich nie entscheiden, ob die dünne Handlung von der überteuerten Küche ablenken soll oder umgekehrt.

PROMINENTER DES TAGES

Frank Schätzing

Wenn der Mann, der Marketing studiert hat, nicht gerade Bestseller schreibt, hält er auch mal Vorträge über die Welt und den Rest, zur Not auch im Fernsehen.

LEKTION 46 DES TAGES

Wie verhalte ich mich im Rhein-Energie-Stadion?

Der Kölner an sich sucht ständig nach Möglichkeiten, das orgiastische Gemeinschaftserlebnis „Karneval“, das zu seinem Leidwesen auf wenige Monate im Jahr begrenzt ist, zeitlich auszuweiten.

Nach einer jahrzehntelangen Anlaufphase bieten inzwischen die Heimspiele des 1. FC Köln die Gelegenheit, ganzjährig Karnevalsbräuche zu zelebrieren, genauer gesagt: sich gemeinsam mit Zehntausenden Gleichgesinnten in bunte Fummel zu hüllen und völlig enthemmt Songs wie „Denn wenn et Trömmelche jeht“ zu schmettern. Dies war nicht immer so: Bis etwa 2005 erinnerte der Besuch im alten Müngersdorfer Stadion an Geburtstagsfeiern von besonders einsiedlerischen, geizigen Erbonkeln: Manchmal muss man sich eben sehen lassen, auch wenn man nicht viel erwarten kann, und die Stimmung bei allen Beteiligten ist von vornherein im Keller.

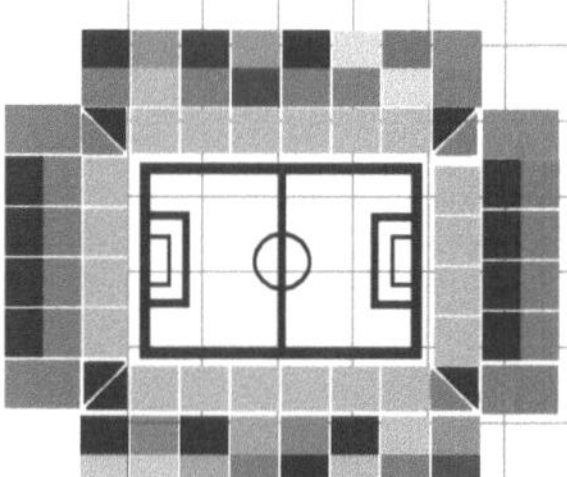

Doch seit dem Umbau des Rhein-Energie-Stadions zu einer reinen Fußballarena für die WM 2006 hat sich das komplett geändert: Seitdem wird hier gefeiert, was das Zeug hält. Dies trägt häufig zur Irritation der dazugehörigen Kicker bei, die es klassischerweise gewöhnt sind, bei einem Fußballmatch im Mittelpunkt des Interesses zu stehen. Nicht aber in Köln. Hier ist das Publikum der Star – zum Glück, angesichts der seit vielen Jahren traditionell dürftigen Leistungen des FC-Teams. Lästermäuler behaupten hartnäckig, dass im

Prinzip das eigentliche Stadionerlebnis im Einsingen *vor* der Begegnung besteht – das nachfolgende Spiel stellt eine Art Zugabe dar, die man sich auch sparen könnte.

Für Sie bedeutet das alles eine enorme Erleichterung: Falls Sie sich schon in den Kölner Fastelovend eingearbeitet haben, ist Ihnen ein Großteil des erforderlichen Liedguts nämlich bereits geläufig. Sie müssen noch nicht einmal dem Geschehen auf dem Spielfeld besondere Aufmerksamkeit schenken – egal, ob der FC siegt, verliert, oder sich mal wieder ein zutiefst freudloses 0:0 erstolpert: Sie können fröhlich drauflosschmettern. Einfacher geht's nicht.

WORT DES TAGES

Trumm

Z. B. de decke Trumm = die dicke Trommel

SATZ DES TAGES

Un mer jon met dir - wenn et sin muss durch et Füer - halde immer nur zo dir, FC Kölle!

Und wir gehen mit dir – wenn es sein muss – durchs Feuer, halten immer nur zu dir, FC Kölle!
(Aus dem Refrain der FC-Hymne)

FREIZEIT-TIPP DES TAGES

Kicken Sie eine Runde auf dem vielleicht außergewöhnlichsten Fußballplatz Kölns – auf dem Dach des Deutschen Sport- und Olympiamuseums im Rheinauhafen.

PROMINENTER DES TAGES

Hans Schäfer

FC-Legende aus den Tagen, als der FC Köln das „deutsche Real Madrid" war.

Tag 46

LEKTION 47 DES TAGES

Fühlinger See

Es ist ein bisschen wie eine mathematische Gleichung mit neun Unbekannten in der fünften Dimension. Grob acht Seen plus grob sechs Halbinseln bilden *den* Fühlinger See. *Der* Fühlinger See? See eins ist der Aufwärmsee, daneben in See zwei wird geangelt und gefischt. Im See drei gibt es die Aussicht auf See vier: den Bootssee. See fünf ist ein Freibad und für Sporttaucher geeignet, bietet aber auch eine Durchfahrt zur Regattastrecke, mit zweitausend-dreihundert Metern die längste Regattastrecke in Köln. Yeah. See sechs hat eine Durchfahrt zum Auslaufsee, der nur durch eine stumpfe Landzunge getrennt zu See sieben führt, dem Surfersee.

Bevor Sie sich auf den Weg in den Norden machen, fast schon im Gebiet der Schlacht bei Worringen herumwaten, merken Sie sich noch die Gesamtfläche von hundert Hektar. Das ist ganz einfach umzurechnen. Ein Hektar entspricht der Fläche von zwanzigtausend Kotzlachen eines Prinzenführers des Dreigestirns – leicht zu merken. Oder, wenn Sie es lieber streng wissenschaftlich haben wollen: In den Fühlinger See könnte man zwei Mal die Düsseldorfer Altstadt versenken. Das größte und nördlichste Kölner Binnengewässer ist vierzehn Meter tief und wenn man hier ertrinkt, muss man sich immerhin nicht dafür schämen. Die meiste Zeit des Jahres spricht man die typischen Chorweileridiome Albanisch, Russisch, Rumänisch. Keine Sorge – die bringt man Ihnen hier schnell bei.

Außer Anfang Juli, da ändern sich die Ethnien so radikal wie die Farben. Aus dem Betongrau der Fordwerke und der

Esso-Raffinerie wird das rot-gelb-grün gefärbte Gelände des größten Kölner Reggaefestivals Summerjam, und man findet hier schwarzen Afghanen, grünen Türken, roten Marokkaner, aber auch dreißigtausend Besucher aus Fleisch und Blut. Das Campen kostet nichts, Parken fünfzehn (!), die Karte hundert Euro. Der Künstlertross besteht aus achthundert Leuten, dreihundert Journalisten berichten durch die Soundschwaden aus Reggae, Raggamuffin, Dancehall, Rockers-Reggae, vierhundert Sicherheitsleute schützen die Musikfans vor schlechtem Stoff und wenn sie versagen, greifen hundert Sanitäter ein.

Und wenn Sie sich alle diese Fakten gemerkt haben, dürfen Sie hinfahren und die Schwäne fotografieren, die von alledem nichts wissen.

WORT DES TAGES

Dotz

Beule

SATZ DES TAGES

Heidewitzka, Herr Kapitän!

FREIZEIT-TIPP DES TAGES

Seenot im Fühlinger See simulieren, mitfilmen für Youtube und die eigene Verhaftung wegen Irreführung der Behörden gleich mitverwursten.

PROMINENTER DES TAGES

Karl Berbuer

Er schrieb den Klassiker „Heidewitzka, Herr Kapitän“, das bei einem Adenauerbesuch in Chicago als Ersatznationalhymne der jungen BRD gespielt wurde. Seine Moderationen hatten in etwa die Schnittigkeit der Kölner Ampelschaltungen.

LEKTION 48 DES TAGES

Mit dem Auto durch die Stadt – Teil 1

Löwen bändigen, Feuer schlucken, auf dem Hochseil blind Handstand machen und „La Cucaracha" auf der Panflöte dudeln – ist leichter als Autofahren in Köln. Huch, hatten wir das Thema nicht schon? Ja, nein, doch ... da ging es ums Parken. Jetzt geht es um das Fahren. Nur zur Erinnerung. Der allgemeine Pöbel parkt am Stadion auf dem Parkplatz P2 für beschämende 2,50 Euro pro Tag, mit KVB-Ticket sogar kostenlos. Igitt. Wer was auf sich hält, parkt für vierundzwanzig Euro im Parkhaus am Rheinauhafen, freilich teurer als am Dom. Aber ist für die Microsoft-Klientel nicht ein Kranhaus so etwas wie der neue Dom?

Aber wir wollten ja über Bewegung sprechen. Sie fahren ganz nüchtern automatisch Schlangenlinie, wenn Sie versuchen, den Blitzern auszuweichen, denn die Stadt bringt es auf einunddreißig fest installierte plus zwei mobile. Das stärkste Blitzlichtgewitter begegnet Ihnen dabei auf der Zoobrücke mit immerhin fünf fest installierten. Sicher begegnen Sie dort allerlei Soapsternchen, die sich im Rampenlicht wähnen und über die Zoobrücke tänzeln. Hach, Kölle, du biss e Jeföhl!

Verblüffend dabei ist, dass Köln einerseits unterdurchschnittlich viele Autos hat, nämlich nur vierhundertsiebenundsiebzig pro tausend Einwohner. Trotzdem steht der Kölner mehr im Stau als jeder andere Deutsche: Fünfundsechzig Stunden im Jahr. Gemessen natürlich nur in den Rushhours, nicht wenn wirklich viel Verkehr ist, also vor Weihnachten, Karneval, FC-Spielen. Seltsam ist zum Schluss noch die Zahl der knapp zehntausend Unfallfluchten pro Jahr. Das macht doch kein Kölner! Da haben sich also zehntausend Bergheimer, Brühler und Bedburger nach verbogenem Blech gleich wieder verflüchtigt. Wenigstens haben sie dabei den Stau etwas reduziert.

WORT DES TAGES

Jick

Wagen bzw. Anhänger; auch: de Jick schlare = verunfallen und dabei sterben

SATZ DES TAGES

Unjlöck hät brigge Föößß

Unglück hat breite Füße, also: Reifen

FREIZEIT-TIPP DES TAGES

Stolpersteine gucken, z. B. in der Meister-Gerhard-Straße. Sie erinnern an den Abtransport von Millionen von Menschen durch die Nazis. Die im Gehweg eingelassenen Mahnmale werden seit 1992 von Künstler Gunter Demnig verlegt.

PROMINENTER DES TAGES

Franz-Josef Antwerpes

Schräge Type, Regierungspräsident, also zwanzig Jahre lang bis 1999 eine Art Nebenkaiser des Bürgermeisters. Stellte sich persönlich frühmorgens mit der Verkehrsüberwachung auf die Innere Kanalstraße, um zu beobachten, welche Lkw-Fahrer verbotenerweise auf die „Idiotenbrücke" zufuhren, die ihnen dann fast den Auflieger rasierte, weil sie nur 3,90 Meter hoch ist und nicht die üblichen 4 Meter.

Tag 48

LEKTION 49 DES TAGES

Werden Sie rheinisch-katholisch

Klingt erst mal schwierig – vor allem, falls Sie muslimisch, buddhistisch, hinduistisch, atheistisch sind, oder – noch schlimmer – protestantisch. Aber keine Sorge, in Wirklichkeit ist die Aufgabe gar nicht so schwer, Sie müssen nicht mal in die Kirche gehen. Beim rheinischen Katholizismus geht es weniger darum, *was* man glaubt, sondern *wie:* Glauben ist super, solange du's mit Humor tust.

Kölner eignen sich nämlich nicht gut für Dogmatismus, egal was für einen. Zwar wurde auch im „hillije Kölle" im sechzehnten Jahrhundert der eine oder andere Protestant verbrannt, weil man mit seiner glaubenstechnischen Ausrichtung nicht ganz einverstanden war, aber mit der Zeit gewann doch die typisch kölsche Lockerheit die Oberhand. Kein Wunder – Jesus ist in Köln nicht „der Messias" oder „der Heiland" oder „das Lamm Gottes" oder sonst etwas Schwülstiges, sondern einfach „Zimmermanns Jupp singe Jung". Mit dem trinkt man ein Gläschen und schlägt sich nicht für ihn tot.

Ende der Achtzigerjahre gab es einen Rückschlag für die Stadt, als ihr Kardinal Joachim Meisner, der selbsternannte „Wachhund Gottes", als Erzbischof aufgedrückt wurde. Der erklärte Opus-Dei-Fan verglich Abtreibungspillen mit den Nazi-Gaskammern, sprach von entarteter Kultur und träumte davon, dass Homosexuelle ihre Krankheit ausschwitzen könnten. Zu Köln passte er etwa so gut wie eine Flasche abgestandenes Altbier – und zwar alkoholfreies.

Doch 2014 war das Drama vorbei, Meisners Nachfolger Kardinal Woelki hat nicht nur einen putzigen Namen, sondern ist sogar in Köln in der Bruder-Klaus-Siedlung aufgewachsen. Und er ist gegen die AfD und für den FC. Die Erleichterung war riesig.

Also, was oder woran immer Sie auch glauben: Finden Sie jemanden, der einen Witz darüber macht! Wenn Sie dann mitlachen können, dann wissen Sie: Ich bin rheinisch-katholisch.

WORT DES TAGES
Äschermeddwoch
Aschermittwoch

SATZ DES TAGES
Un bess nit falsch, wemmer jet verkehrt jemaat han – jenau esu wie mir nit nachtragend sin, wenn uns einer jet jedon hät.
Und vergib uns unsere Schuld, wie auch wir vergeben unseren Schuldigern. Klingt auf Kölsch gleich viel mehr nach echtem Leben.

FREIZEIT-TIPP DES TAGES
Kirchenbesuch mal anders: Gehen Sie zur Karnevalszeit in eine „kölsche Mess". Sie können sogar Ihr Kostüm anbehalten – und müssen nicht mal auf die „Höhner" verzichten.

PROMINENTER DES TAGES
Jürgen Becker
Kabarettist und Mitbegründer der Stunksitzung, sang den Jetzt-Schon-Klassiker „Ich bin so froh, dass ich nicht evangelisch bin".

Tag 49

LEKTION 50 DES TAGES

Rheinpark, Jugendpark, Seilbahn

Gerade am Anfang ist der Terminplan für Neulinge in Köln dicht gepackt. Um sich einen ersten Überblick zu verschaffen, fährt man zwei Wochen lang am Stück mit der Rheinseilbahn hin und her. Man hat einen Blick von oben und wird gleichzeitig von unten gesehen. Von der rechten Rheinuferseite aus erspäht man schnell die linke Seite mit dem wunderbaren Panorama. Von der linken Seite sehen Sie Jugendpark, Rheinpark, die Deutzer Seite, die Schäl Sick, das Messeufer – was alles dasselbe ist, aber so klingt es eben mehr. Sie fahren mit der Seilbahn praktisch vom Grünen ins Grüne. Links starten Sie quasi an der Flora nur minimal gestört von der vierspurigen Zoobrückenzubringerstraße und der gleichfalls vierspurigen Rheinuferstraße. Sollten Sie bei dieser Gelegenheit zufallig den Skulpturenpark entdecken, verraten Sie es niemandem. Er ist ein gut gehütetes Geheimnis und soll es auch bleiben! Nun zur eigentlichen Attraktion: Ein Café, das wechselweise brachliegt, bis jemand kommt, der es übergangsweise bewirtschaftet, bis es Zeit ist für die nächste Brachliegperiode. Wenn Sie kleinwüchsigen Leuten begegnen, die Feuerwerkskörper („Warhammer, Kanonenschläge") in Mülltonnen stecken, um deren Inhalt per Sprengung gleichmäßig zu verteilen, dann stören Sie diese Leute nicht. Man nennt sie hier „spielende türkische Kinder", und da jeder Jeck anders ist, sind es auch diese. Begeben Sie sich behutsam auf Spurensuche nach der Bundesgartenschau von 1957. Schnell finden Sie ein Schild mit der Aufschrift: „Bundesgartenschau 1957“. Das sollte genügen. Schließlich lassen Sie auf keinen Fall die Fahrt mit der Minibimmelbahn aus, denn erst hier erschließt sich der ganze Sinn von Selfiesticks. Ein großes Hallo auf dem Passamt, wenn man Sie um ein Lichtbild bittet. Überlassen Sie die Skateanlage unter der Brücke bitte unbedingt den ortsansässigen Sozialarbeitern, die nicht gern von Jugendlichen und anderen Schmocks gestört werden. So wird Ihr Besuch ein voller Erfolg, Rheinpark, BGS, Jugendpark. Wunnebar!

WORT DES TAGES

Rhingroller

Sackträger an der Rheinwerft

SATZ DES TAGES

Willste noch so ne Blömcheskaffee?

Möchtest du noch so einen dünnen Kaffee?

FREIZEIT-TIPP DES TAGES

Insidertipp: Fahren Sie an einem jener Tage mit der Seilbahn, wenn Sie keinen Stromausfall hat. Es stört das Erleben ungemein!

PROMINENTER DES TAGES

Max Wallraf

OB, der den Rheinpark schon vor dem Ersten Weltkrieg planen ließ.

LEKTION 51 DES TAGES

Mit dem Auto durch die Stadt – Teil 2

Der Kölner hat ein ausgeprägtes Gerechtigkeitsgefühl, und so hat die Stadtverwaltung viel Aufwand und Sorgfalt darin investiert, den Weg durch die Stadt für sämtliche Teilnehmer in gleicher Weise zur Hölle werden zu lassen: Fußgänger, Radfahrer, Straßenbahnfahrer sehen sich jeweils zahllosen Schikanen gegenüber, die die städtischen Verkehrsplaner für sie entworfen haben. Dies gilt natürlich auch für die Autofahrer. Hier ein paar Überlebenstipps:

Erstens: Sollte eine Ampel, nachdem Sie endlos vor ihr gewartet haben, endlich Grün werden, bedeutet das nicht, dass Sie jetzt einfach aufs Gaspedal treten können. Das grüne Licht gibt Ihnen lediglich die Möglichkeit, bis zur nächsten – im Schnitt fünfzig Meter entfernten – Ampel zu rollen, die genau jetzt auf Rot schalten wird. Fachleute nennen diese spezifisch kölsche Art der Verkehrsführung auch „Rote Welle".

Zweitens: Vergessen Sie nie, dass links abbiegen in der Kölner Verkehrsführung im engeren Sinne nicht vorgesehen ist. Dies erfordert Kreativität bei der Routenplanung: Fahren Sie Ihr Ziel im Zweifelsfall in einem eleganten Halbkreis an, egal wie groß der Umweg ist – Hauptsache, Sie biegen dabei ausschließlich rechts ab!

Drittens: Sie werden es gewöhnt sein, zu bremsen, wenn die Ampel Gelb wird. Bei Kölner Ampeln aber dauert die Gelbphase länger (so war das in den Achtzigerjahren, und Köln hat es als einzige Stadt Deutschlands noch nicht geschafft, die Ampeln umzustellen). Als Folge neigt der Kölner eher dazu, Gas zu geben, wenn es Gelb wird. Da ist ein kleiner Auffahrunfall schnell passiert.

Das Wichtigste aber: Planen Sie großzügig. Achtzig Prozent Ihrer Fahrzeit in Köln besteht nämlich darin, sich a) durch den Berufsverkehrsstau zu schlängeln und b) einen der fünf freien Parkplätze im Stadtgebiet zu suchen. Den echten Kölnprofi erkennt man daran, dass er sich, wenn er zum Supermarkt um die Ecke will, mit folgenden Worten verabschiedet: „Die machen um acht zu, und es ist schon halb fünf – höchste Zeit, dass ich loskomme."

WORT DES TAGES

Stonn

Stehen; hat so gesehen mit fahren nichts zu tun

SATZ DES TAGES

Dat es zum Uswachse!

Das ist zum Auswachsen!

FREIZEIT-TIPP DES TAGES

Besuchen Sie die Rennbahn in Köln-Weidenpesch und bestaunen Sie, wie gut die Fortbewegung in Köln funktionieren kann, wenn man auf das richtige Pferd setzt: das Pferd.

PROMINENTER DES TAGES

Nicolaus Otto (1832–1891)

Pionier des Motorenbaus, liegt auf dem Melatenfriedhof begraben.

Tag 51

LEKTION DES TAGES 52

Heiliger Bimbam!

Keine andere deutsche Stadt hat so viele Heilige hervorgebracht wie Kölle. Heilige gibt es in Köln mehr als freie Parkplätze. Und wie wird man in Köln heilig? Ganz einfach: Zum Beispiel war Ursulas Großtat, sich umbringen zu lassen. Kunibert sorgte dafür, dass Köln zum Merowingerbund kam (es soll um Geld gegangen sein, aber nix Genaues weiß man nicht). Anno wollte einen Kumpel heil heim nach Münster bringen, klaute dafür ein Schiff und sagte sich, dass der Zweck ja die Mittel heiligt, den Aufstand der Bürger gegen solches Verhalten schlug er blutig nieder. Aber wer ist völlig zu Unrecht immer noch nicht heiliggesprochen? Willi Ostermann! Und Willi Ostermann hat nur darauf gewartet, dass Sie in die Stadt ziehen, um die Heiligsprechung mit aller Macht voranzutreiben.

Gründen Sie die Willi-Ostermann-Heiligsprechungsinitiative! Bislang gibt es nur die Karnevalsgesellschaft, eine Gedenktafel und einen Wikipedia-Eintrag. St. Willi in spe bringt alle Voraussetzungen mit. Geboren wurde er außerhalb von Köln, denn Mülheim gehörte damals noch nicht dazu, gestorben ist er in der weiten Fremde, im Ahrtal. Von Beruf war er ursprünglich – kein Witz – Stereotypeur. Seine Popularität war so groß, dass man seinen Sarg vom Neumarkt zu Fuß bis zum Melatenfriedhof trug.

Ostermanns Opus magnum war unzweifelhaft „Ich möch zo Foß noh Kölle gon.“ Tja, von Mülheim aus war das noch machbar, vom Sterbebett im Ahrtal aber ein zu dicker Brocken. Also machte sich Ostermann in seinen letzten

Atemzügen daran, dieses Lied zu komponieren. In der ersten Strophe freut er sich, dass er Kölsch nicht verlernt hat, in der zweiten Strophe wird er deutschtümelnd, daher fällt sie unter den Tisch. In der dritten Strophe steht er vor der Himmelspforte und motzt Gott an, dass es ihn sehr deutlich nach Köln zurückzieht. Religiosität und Blasphemie in einem – solche kölsche Dialektik verdient dringendste Heiligsprechung. Machen Sie sich ans Werk!

WORT DES TAGES

Bedde

Beten im eigentlichen Sinn, aber auch: bitten.
Siehe der BAP-Song: „Wenn et Bedde sich lohne däät."

SATZ DES TAGES

Dummer ens der Rusekranz bedde.

Bedeutet im Grunde, gerade das Gegenteil zu tun, also Verbotenes anzustellen, was man dann hinterher bereuen kann. Beachten Sie hier die gekonnte kölsche Dialektik im Dialekt.

FREIZEIT-TIPP DES TAGES

Einen Spaziergang über den Südfriedhof, Höninger Platz 25, in Zollstock machen. Hier ist unter anderem der Commonwealth-Friedhof, der sich mit seinen Kriegsgräbern nach wie vor im Eigentum des Vereinigten Königreichs befindet. Aber auch Prominentengräber wie die von Brauer Hans Sion und Fortuna-Präsidentenlegende Jean Löring finden sich hier.

PROMINENTER DES TAGES

Willi Ostermann (1876–1936)

Mundartdichter

Tag 52

LEKTION DES TAGES 53

4711

Zwanzig Reichstaler musste der Italiener Farina berappen, um 1709 seinen Laden aufzumachen. Im Laden verkaufte er laut Zitat „französischen Kram“: Siegellack, Tabakdosen, Perücken etc.

Nach einigen Jahren geriet Farina in Zahlungsschwierigkeiten, kein Wunder bei dem Sortiment. Erst in den Dreißigerjahren des achtzehnten Jahrhunderts wurde er erfolgreich, aber als Spedition, erst in den Sechzigerjahren mit den Duftwässerchen. Und die sind? Ätherische Öle in Weingeist gelöst.

Merke: Alkohol kann sehr wohl eine Lösung sein. 1721 erfolgte dann die erste Lieferung nach Paris. Aus Polen heimkehrende französische Soldaten nannten das Elixier „Eau de Cologne“. Heute bringen Franzosen aus Köln andere Sachen mit: Tripper, Kater, Schlüsselanhänger „Geißbock“. Klassische 4711-Stammkunden waren Mozart, Thomas Mann, Adenauer und Marlene Dietrich. Also: 4711 war für Franzosen, Bi- und Homosexuelle – und das soll keine Wertung sein. Der Begriff „Echt Kölnischwasser“ ist geschützt. Nur „Kölnischwasser“ dürfen Sie auch das Rinnsal aus Ihrer Viehweide nennen und ahnungslosen Touristen verhökern.

Heute ist die Firma in achter Generation immer noch in Familienhand. So leicht wird man stadtbekannt. Wollen auch Sie stadtbekannt werden? Das geht ganz einfach, indem man zum Warmwerden mit Köln und seinen Bewohnern in der berühmtesten Flüssigkeit der Stadt badet. Nun werden die Hersteller von Kölsch und Klosterfrau Melissengeist zwar neidisch jammern, denn auch in ihren

Flüssigkeiten könnte man ein Bad nehmen, zweifelsohne ist aber das duftende Wässerchen aus dem Hause 4711, bekannt als Kölnischwasser, der Renner unter den Topsellern. Eine handelsübliche Badewanne fasst hundertfünfzig Liter Flüssigkeit. Ein Fläschchen 4711 kostet online 9,59 Euro, macht nach Adam Riese dreitausend Fläschchen, also schlappe achtundzwanzigtausendsiebenhundertsiebzig Euro zuzüglich Versand.
Der Bekanntheitsgrad wirft allerlei Fragen auf. „Eau de Cologne“ gibt zweihunderttausend Google-Ergebnisse, also nur wenige mehr als „Geruch Seehofer“ mit hundertvierundvierzigtausend Ergebnissen, und deutlich weniger als „Gestank Kölner Haie“ mit enormen sechshunderttausend Google-Treffern. Mit diesen Fragen bewaffnet, entern Sie das Kölner Duftmuseum. Viel Vergnügen!

WORT DES TAGES
Jeroch
Geruch

SATZ DES TAGES
Ich kann dich nicht riechen!

FREIZEIT-TIPP DES TAGES
Auffahrt zum LVR-Turm in Deutz – dort riecht Köln zweifellos am besten.

PROMINENTER DES TAGES
Johann Maria Farina (1685–1766)
Erfinder des Eau de Cologne

Tag 53

LEKTION 54 DES TAGES

Ein Kölsch trinken

Klingt zunächst mal einfach – ein Glas Bier zu leeren, das haben Sie in Ihrem Leben schon oft genug geschafft. Doch wie bei so vielen Dingen gilt auch beim Biertrinken: In Köln ist alles ein bisschen anders!

Das Erste, was ins Auge fällt, ist schon mal die Größe des gemeinen Kölschglases bzw. der Mangel daran: Eine „Stange“ Kölsch enthält gerade mal 0,2 Liter. Dies bedeutet: In dem Augenblick, in dem Sie das Glas angesetzt haben, ist es auch schon bis auf den letzten Tropfen geleert. Dies kann zum Problem werden – vor allem in Kneipen, in denen Studenten oder Schauspielschüler sich ihren Lebensunterhalt verdienen, also schlecht ausgebildete und wenig motivierte Kräfte, die in ihrem Inneren überzeugt sind, dass sie in diesem Moment eigentlich ganz woanders sein sollten – auf der Bühne, am Schreibtisch, im Bett. Auf jeden Fall nicht in dieser Kneipe, in der Sie gerade ebenso verzweifelt wie vergeblich winken, um endlich ein weiteres Kölsch zu erhalten, während der studentische Aushilfskellner mit leerem Blick an Ihnen vorbeistapft, um vom Nachbartisch ein einzelnes Kölschglas zu entfernen und es zur Theke zurückzutragen. Sie werden quasi zur Nüchternheit verurteilt.

Exakt der gegenteilige Effekt kann sich in einem traditionellen Brauhaus einstellen. Der „Köbes“ – am Umsatz beteiligt – wird Ihnen ungefragt in verwirrendem Tempo ein Kölsch nach dem anderen auf den Tisch stellen – spätestens eine Viertelsekunde nachdem Sie das geleerte Glas abgestellt haben. Die echten Profis werden es sogar schaffen, Ihnen das leere Kölsch aus der Hand zu winden und gegen ein neues einzutauschen, ohne dass Sie dies überhaupt mitkriegen. Die Folge: Schon nach kurzer Zeit werden Sie den Überblick darüber verlieren, wie viel Sie bereits getrunken haben. Eigentlich wird es Ihnen vorkommen, als seien Sie den ganzen Abend mit einem einzigen, auf wundersame Weise stets vollen Kölschglas zugange. Doch da täuschen Sie sich gründlich, was Sie spätestens merken werden, wenn Sie aufstehen wollen und dabei schwungvoll mitsamt der Bank hintenüberkippen. Prösterchen!

WORT DES TAGES

Süffele

Meint nicht die Festmahlzeitenaufnahme wie „müffele“ (essen), sondern die Liquidform „trinken“.

SATZ DES TAGES

Do kanns mer de Büggel bötze!

Du kannst mich am Beutel/Sack küssen.

FREIZEIT-TIPP DES TAGES

Gehen Sie einen trinken in der kleinsten Brauerei Kölns, der Braustelle in Ehrenfeld.

PROMINENTER DES TAGES

Nico (1938–1988)

Supermodel in den Fünfzigerjahren und später Sängerin von Velvet Underground, hieß eigentlich Christa Päffgen und war damit der international bekannteste Spross der Kölner Brauerfamilie.

LEKTION 55 DES TAGES

Wie bekomme ich einen Überblick über die Kölner Comedyszene?

Seit wann gibt es in Köln Comedy? Wenn Sie keine Ahnung haben, antworten Sie immer mit „Im Prinzip“. Wie das geht? Im Prinzip geht das so: „Im Prinzip gibt's Comedy in Köln schon immer, nä. Nur hieß dat früher Karneval.“ Und wie lange gibt's Karneval? „Im Prinzip seit der Gründung des Kölner Festkomitees von 1823“. Ja, aber hat man denn vorher nicht gefeiert in der Stadt?

Hier wäre es allzu leicht, falsch zu antworten. Sie verkünden jedoch wie das neu gelegte Ei des Kolumbus: „Im Prinzip hat der Kölner schon immer gern gefeiert, nur eben unorganisiert.“ Und so isset. In den Wintern des ausgehenden Mittelalters wurde vor allem in der Altstadt gezecht, gehurt, sich geprügelt – ganz wie heute. Nur eben ohne Regeln. Damit die Sache aber räumlich und zeitlich wenigstens ein bisschen begrenzt wurde, regelte eine Art Nebenregierung zum Stadtrat die Sache, also quasi eine zweite Humorveranstaltung.

So ging das bis 1991. Damals wollte ein ausländischer Fernsehsender (Luxemburg) in Deutschland senden. Und die Deutschen sagten „Nä!“ Kölle aber sagte: „Jo, aber nur wenn ihr hierherzieht.“ Zack gab es RTL, Radio Television Luxemburg. Für die Jüngeren: Radio ist wie Podcast ohne Zimmerantenne. Television ist wie Netflix mit Röhre dran. Und Luxemburg ist wie Steueroase, nur ungesteuert.

Gesagt, getan. RTL zog an die Aachener Straße, klaute alles von Amis und Briten, gebar „RTL Samstag Nacht". Die Sendung war nicht unsterblich witzig und lief auch nicht so unendlich lang (fünf Jahre), wie es vielen vorkam. Bester RTL-Gag aller Zeiten? Das System „14–49" zu klauen, um auf jeden Fall immer Marktführer zu sein. Konnte keiner etwas dagegen machen. Und klang wie Lotto für Kleinverdiener. Lustig, nä?

Um sich heute einen groben Überblick zu verschaffen, müssen Sie eine Aufzeichnung der Heute-Show in Mülheim besuchen und im Oktober an etwa hundertfünfzehn Veranstaltungen des Köln Comedy Festivals teilnehmen. Keine Sorge, das geht nur zwei Wochen lang so. Am WDR können Sie entspannt vorbeischlendern. Dort gibt es im ganzen Haus nichts zu lachen. Viel Vergnügen!

WORT DES TAGES

Löstich

Lustig

SATZ DES TAGES

Do laachste disch kapott!

Da lachst du dich kaputt!

FREIZEIT-TIPP DES TAGES

Boing!

Comedyclub in der Südstadt, immer donnerstags

PROMINENTER DES TAGES

Hugo Egon Balder

„Alles Nichts Oder?!", „Tutti Frutti", „Genial daneben"

Tag 55

LEKTION 56
DES TAGES

Party am Brüsseler Platz

Der Kölner an sich ist ein zufriedener Mensch, aber eine Sache macht ihm jedes Jahr aufs Neue zu schaffen: Den Straßenkarneval, bei dem man mit einem Kölsch in der Hand inmitten einer Menschenmasse feiern kann, gibt's nur im Winter. Um das Problem endlich zu lösen, trafen sich vor einigen Jahren sämtliche Kölner unter dreißig zu einer Vollversammlung, beratschlagten und verkündeten dann das Ergebnis: Die Party geht weiter, und zwar auf dem Brüsseler Platz!

Seitdem findet an jedem einigermaßen sonnigen Abend im Belgischen Viertel etwas statt, das man am besten als die Nachstellung des berüchtigten Altamont-Konzerts auf einer lauschigen italienischen Kleinstadtpiazza beschreiben kann (nur ohne Musik). Hunderte von Menschen strömen zusammen, machen Lärm und benehmen sich gründlich daneben, zum nachvollziehbaren Leidwesen der Anwohner. Dies hat zu einem Hase- und Igelrennen mit dem Ordnungsamt geführt: Zunächst schickte man uniformierte Kräfte aus, die die Menschen zur Ordnung rufen sollten, aber die konnten sich nicht verständlich machen. Es war einfach zu laut. Dann erweiterte man die Open-Air-Gastronomie, um den Feiernden den Platz zu nehmen. Diese wichen auf die Straße aus, die seitdem nur noch im Schritttempo befahrbar ist. Daraufhin stellte das Ordnungsamt superhelle Strahler auf, um der Massenversammlung die

Gemütlichkeit zu nehmen. Danach war die Helligkeit auf dem Platz für jeden unerträglich – außer für die Feierwütigen, die nach dem Abstecher zum Brüsseler Platz eh in die Discos der Umgegend weiterziehen und in der Lichtshow den Appetizer für ihren Restabend sahen. Schließlich stellte man sogar am nicht weit entfernten Aachener Weiher eine alternative Location zur Verfügung. Und tatsächlich, die jungen Leute waren begeistert. Ab jetzt feierten sie am Aachener Weiher – *und* am Brüsseler Platz.

Also, wenn Sie die echte kölsche Renitenz gegen obrigkeitliche Anordnungen in sich entdecken wollen, dann machen Sie sich auf ins Belgische Viertel. Aber nicht vergessen: Wer dort gegen die Kirche pinkelt, kommt mindestens ins Fegefeuer.

WORT DES TAGES

Anstüsse

Anstoßen, sowohl eine Person als auch mit den Gläsern

SATZ DES TAGES

Zänkt üch nit, schlot üch leever!

Streitet euch nicht, schlagt euch lieber!

FREIZEIT-TIPP DES TAGES

Den Yitzhak-Rabin-Platz am Hohenstaufenring entdecken und ihn ebenfalls in eine Partyzone verwandeln.

PROMINENTER DES TAGES

Adolph Kolping (1813–1865)

Katholischer Priester und bekannt als der „Gesellenvater", zeigt den jungen Leuten einen Weg abseits von Party und Abchillen auf.

LEKTION 57 DES TAGES

Studentendorf Efferen

Efferen 1988. „Thomas, schnell, es ist Krieg!" Mein Zimmernachbar aus Angola war völlig aus dem Häuschen. „Was für ein Krieg?", frage ich. „Weiß ich nicht. Aber ganz klar. Die Menschen fliehen schon alle." Also der Reihe nach. „Wo fliehen die Menschen wohin? Wo siehst du das?", wollte ich wissen. „Ich war vorhin in Hermülheim, die räumen da schon alle Häuser aus. Alle Möbel stehen auf der Straße." Bei meiner Ortsbegehung stellte sich heraus, dass in Hermülheim an dem Tag Sperrmüll war. Diese Episode ist so wahr wie das Amen in der Kirche.

In grauer Vorzeit hieß die Heimstätte von Bayer 04 in Leverkusen Ulrich-Haberland-Stadion. Derselbe Bayermanager war es, der eine Million Mark (West) spendete, um eine Heimstatt für Studenten zu errichten. Immerhin eintausendeinhundert Studentenwohnungen liegen ganz offiziell außerhalb von Köln. Neben den netteren Schwedenhäusern sind da zuvorderst die beiden markanten Hochhaustürme. In Efferen gibt es natürlich vieles, das es gar nicht gibt. Einen Badeteich, in dem man aber nicht baden kann – gibt es, in Form der Kiesgrube. Einkaufen kann man in Hermülheim, aber nicht in Hürth, da es ja Hürth gar nicht gibt, sondern nur die einzelnen Bestandteile. Es gibt kein Nachtleben, keinen Mangel an dröhnender Autobahn, die A4 führt gleich vor der Haustür vorbei. Es gibt außerdem keinen Mangel an Angstschweiß, denn wer kein Semesterticket hatte, musste in der Linie achtzehn ab der Verbundgrenze, also Klettenberg 1, schwitzen und beobachten, ob Kontrolleure einstiegen. Ganz aktuell wird geplant, in Efferen die niedrigen Gebäude durch höhere zu ersetzen und so achthundert weitere Zimmer dazuzugewinnen.

WORT DES TAGES

Schmölzje

Verein, Leute mit gleichen Interessen

SATZ DES TAGES

Solltet Ihr also mit einem/r Freund/in aus nicht selbst verschuldeten Gründen z. B. nach Düsseldorf fahren müssen, so habt Ihr als Inhaber des NRW-Tickets bis Düsseldorf freie Fahrt. Eure/n Freund/in könnt Ihr nur bis Langenfeld mitnehmen. Ab dort muss die begleitende Person ein Ticket bis Düsseldorf lösen.

(Aus dem Erklärungstext des Uni-Astas zum Semesterticket)

FREIZEIT-TIPP DES TAGES

Ein Ausflug in den Tischtennisraum, Schläger und Bälle sind gegen Pfand entleihbar.

PROMINENTER DES TAGES

Ulrich Haberland

Chemiker

(„In Kölle jitt et Komiker, in Kusen jitt et Chemiker")

Tag 57

LEKTION 58 DES TAGES

Werden Sie zu einem Experten für romanische Kirchen

Im Mittelalter war die Kirche die einzige Möglichkeit, das Seelenheil, die Erlösung von der Erbsünde und die Aufnahme ins Paradies zu erlangen. Mit anderen Worten: Sie war in Köln fast so wichtig wie heute das Büdchen. Also baute man an jede Straßenecke eine, sonst fühlte man sich unterversorgt.

Als Ergebnis ist auch heute noch die Innenstadt gesprenkelt mit einem Dutzend bedeutender romanischer Kirchenbauten. Und das stellt Sie als Neu-Kölner natürlich vor gewaltige Probleme – zumindest falls Sie gerade Ihrer zu Besuch weilenden Verwandtschaft die Stadt zeigen und Ihnen die unvermeidliche Frage gestellt wird: „Hörma, die schnuckelige Kirche da hinten. Wie heißt die denn?"

Die einzig ehrliche Antwort, falls es sich bei Ihnen nicht um einen Mediävisten oder einen Baukundeforscher handelt, lautet: „Keinen blassen Schimmer, Mama!" Doch diese Blöße müssen Sie sich nicht geben. Antworten Sie stattdessen mit fester Stimme: „St. Gereon. Für mich persönlich die schönste romanische Kirche der ganzen Stadt."

Die Chancen, dass Sie damit keinen Unsinn erzählen, liegen zwar nur bei 8,33 Prozent, aber was soll's? St. Georg, St. Gereon, St. Martin – für uns heute klingt das alles mehr oder weniger gleich. Sobald Sie das morsche Gemäuer erreicht haben, wird Ihre Mischpoke bereits vergessen

haben, was Sie ihnen da aufgetischt haben. Dazu kommt: Die alten Kästen sehen auch noch fast alle gleich aus, von außen wie von innen. Ihre Schwindelei kann also gar nicht auffliegen.
Außerdem lernen Sie zwei oder drei Fachbegriffe auswendig, wir empfehlen „Basilika“, „Apsis“ und „Vierungsturm“. Was das genau ist, geht niemanden etwas an, am wenigsten Ihre Verwandtschaft. Lästige Nachfragen kontern Sie mit dem effektivsten aller Ablenkungsmanöver, das vor allem bei jüngeren Familienmitgliedern noch selten seine Wirkung verfehlt hat: „Himmel, schon so spät? McDonald's macht gleich zu!“

WORT DES TAGES

Ahl

„Der Ahl“ = der Chef;
„Mingen Ahl“ = mein Vater

SATZ DES TAGES

Dä schwad vill, wenn dä Dach lang es.

Der redet viel, wenn der Tag lang ist.

FREIZEIT-TIPP DES TAGES

Vergessen Sie Groß St. Martin – und suchen Sie stattdessen nach Klein St. Martin.

PROMINENTER DES TAGES

Gereon (ca. 270–304)

Nach der Legende ein römischer Offizier, der in der Nähe von Köln den Märtyrertod starb.

Tag 58

LEKTION 59
DES TAGES

Kleingärten

Kleingärten sind in Köln genauso wie anderswo. Fast zumindest. An einem beliebig ausgewählten Tag meldet der Kreisverband gerade mal vier freie Kleingärten. Und das bei ganzen hundertachtzehn Vereinen. Was so begehrt ist, muss auch gut sein!

Zum Einstieg empfiehlt sich der Besuch des Lehrgartens in Müngersdorf. Die Kurse heißen zum Beispiel: „Grundlagen des Gehölzschnitts." Der andere Kurs heißt „Der naturnahe Garten. Ein Paradies für Insekten, Vögel und Fledermäuse." Anders gesagt. Es gibt genau zwei verschiedene Kurse, die dafür dann ungleich übers Jahr verteilt. Die Neuzeit heißt natürlich Entpiefung, Tod dem Gartenzwerg, weg mit dem Deutschtümelnden. Wirklich? Laut Gartenordnung „ist die Ausrichtung auf eine biologische Bewirtschaftung des Kleingartens und eine Gestaltung mit natürlichen Materialien anzustreben." Und die reicht von A wie Abfallbeseitigung bis Z wie Ziergartenfläche. Lesen Sie erst mal vierundzwanzig Seiten der „Richtlinien für die Wert-Ermittlung". Lesen Sie zwölf Seiten Gartenordnung. Antrag für Bienenhaltung, Bauantrag für Pergola, Antrag für Häckselaktion.

Wenn Sie auf die Schnapsidee kommen, im Kleingarten zu wohnen, findet sich flugs ein Nachbar, dem dies gar nicht gefällt. Ausnahmsweise darf man nach dem gemeinschaftlichen Apfelpflücken mit Kabänesunterstützung mal eine Nacht ins Koma in der Laube fallen – das ist Folklore. Der

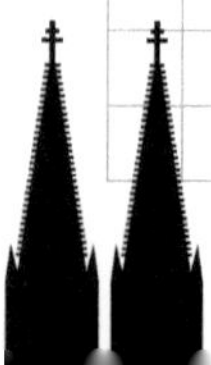

größte Nachteil beim illegalen Wohnen in der Gartenhütte ist, dass man dort keine Post empfangen kann – also auch keine Kündigung des Kleingartens wegen illegalen Wohnens ... Stoff zum Nachdenken. Die Laube darf maximal vierundzwanzig Quadratmeter groß sein, wer nachmisst, ist selbst schuld. Die Hecke maximal 1,25 Meter hoch. Die Ruhezeiten sind einzuhalten! Noch was unklar?

WORT DES TAGES

Jädener

Gärtner

SATZ DES TAGES

Wenn et nit ränt, dann dröpp et.

Wenn es nicht regnet, tröpfelt es.
Heißt: Irgendwas ist immer.

FREIZEIT-TIPP DES TAGES

Besuch in der Indianersiedlung, einem Relikt aus den Zwanzigerjahren, widerspricht etlichen Bauverordnungen, steht heute aber als Kuriosum unter Denkmalschutz. Die offizielle Adresse lautet: Kalscheurer Weg, Weg Tirol 1, 50969 Köln.

PROMINENTER DES TAGES

Ernst Weyden

Er schrieb 1826 als Erster über die Heinzelmännchen zu Köln. Falls gerade niemand anderes den Kleingarten in Ordnung bringt, müssen eben die kleinen, nackten (!) Männlein einspringen.

LEKTION 60 DES TAGES

Erleben Sie Kölns westlichstes Veedel – Domburg

Gerade zu Silvester drängt es den Kölner danach, den Anlass gemütlich unter seinesgleichen zu begehen. In Köln selbst wird ihm das allerdings ziemlich schwer gemacht: Das Prachtfeuerwerk auf dem Rhein lockt Hunderttausende Touristen in die Stadt. Jeder, dem man um Mitternacht freudestrahlend um den Hals fällt, könnte also aus Bergheim, Hürth oder Bergisch Gladbach stammen. Viele Kölner sagen: „Einen Bergheimer bützen? Wenn das Jahr so scheiße anfängt, bin ich spätestens im Februar pleite und im April unter der Erde!“

Aber es gibt einen Ausweg: das Seebad Domburg in der holländischen Provinz Zeeland. An kaum einem anderen Ort ist die Gefahr des Fremdelns für den Kölner so gering: Die Einheimischen sind tolerant, man guckt aufs Wasser (auch wenn die Nordsee natürlich mit dem Rhein nicht mithalten kann) und selbst ein Hügelbeet gilt schon als eine Art Mittelgebirge. Da fühlt man sich als Kölner gleich heimisch.

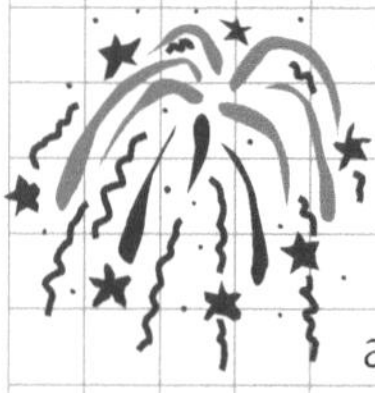

Das Wichtigste aber: Besonders zu Silvester besteht die Einwohnerschaft fast ausschließlich aus Kölnern. Natürlich verschlägt es auch die einen oder anderen Bergheimer hierher, doch anhand der vor den Ferienhäusern geparkten Pkw können diese leicht ausgemacht und sozial isoliert werden.

Die Vorteile sind so enorm, dass man sogar mit der Tatsache leben kann, dass es sich bei den Holländern um lauter Protestanten handelt, also um gottlose Ketzer. Immerhin können sie so lustige Nahrungsmittel wie Frikandeln herstellen, sprechen wesentlich besser Deutsch als der durchschnittliche Einwohner von Bickendorf, und der typisch protestantische Ordnungssinn sorgt für stets sauber geputzte Klos in der Ferienwohnung. Was will man mehr?

Also, machen Sie sich zum nächsten Silvester auf nach Holland – aber denken Sie dran: Sie sind nicht der Einzige. Der Rückstau von Domburg beginnt spätestens in Junkersdorf.

WORT DES TAGES

Knubbel

Menge, Haufen

SATZ DES TAGES

Do steit jo ne janze Knubbl Lück.

Da steht ja eine ganze Menschenmenge.

FREIZEIT-TIPP DES TAGES

Machen Sie einen Wochenendausflug nach Middelburg. Da sieht es genauso aus wie in Domburg, aber man ist mal woanders.

PROMINENTER DES TAGES

Peter Paul Rubens

Flämischer Maler, verbrachte von 1578–1587 einen guten Teil seiner Kindheit in Köln.

LEKTION 61 DES TAGES

Stürzen Sie sich in den alternativen Karneval

Viele Karnevalsneulinge fühlen sich bei ihrer ersten Begegnung mit dem Fastelovend verwirrt: Stolze Einheimische hatten sie darüber informiert, dass es sich beim Kölner Karneval um eine zutiefst anarchistische Angelegenheit handeln solle – und dann das: Uniformierte Reiterkorps, deren Mitglieder mit wichtiger Miene den Sitz ihrer Säbel überprüfen; Karnevalswagen, deren politische Aussagen so kritisch sind, dass man sie problemlos in der „Bäckerblume" oder in „Bussi Bär" abdrucken könnte, ohne die jeweilige Leserschaft zu verschrecken; Prunksitzungselferräte, die mit unbehaglich eingefrorenem Dauergrinsen an der Aufgabe scheitern, im Takt zu schunkeln und dabei in einer grotesken Scharade versuchen, Vergnügen vorzutäuschen.

Sollte es sich bei Ihnen auch um einen jener anstrengenden Charaktere handeln, die so etwas nicht übersehen können – keine Sorge. Auch vielen Kölnern ging es in den Achtzigerjahren so. Seitdem gibt es für nervige Querulanten wie Sie eine Reihe von ausgezeichneten Surrogaten.

Aushängeschild des Alternativkarnevals ist die Stunksitzung, die seit 1983 kritisch *und* lustig ist und sich erfolgreich dagegen wehrt, zur Institution zu erstarren. Inzwischen gibt es aber auch zahlreiche Ableger, zum Beispiel die Imisitzung, die von Akteuren aus aller Welt veranstaltet wird: aus der Türkei, Griechenland, Brasilien, Ägypten, Russland und sogar

aus Westfalen, „Deine Sitzung“, die „Fatal Banal“-Sitzung, und – wo, wenn nicht in Köln? – eine schwul-lesbische Sitzung, die Röschensitzung.
Wenn es Sie eher auf die Straße zieht, kein Problem: Gehen Sie beim Geisterzug mit, der seit 1991 durch Köln zieht und in seiner ersten Auflage mehr oder weniger eine aus den Fugen geratene Antigolfkriegsdemonstration darstellte. Eines ist dabei auf jeden Fall garantiert: In Reih und Glied marschiert hier niemand!

WORT DES TAGES
Ähzebär
Erbsenbär, Symbolfigur des Winters, der sich von den letzten trockenen Erbsen ernährt.

SATZ DES TAGES
Ovends danze un springe,
morjends de Botz net finge.
Abends tanzen und springen,
am Morgen die Hose nicht mehr wiederfinden.

FREIZEIT-TIPP DES TAGES
Wagen Sie mal etwas und stürzen Sie sich ins Glücksspiel. Nein, nicht im Casino (das gibt's in Aachen), sondern in der Schlange, um eine Eintrittskarte für die Stunksitzung zu ergattern.

PROMINENTER DES TAGES
Walter Bockmayer (1948–2014)
Theaterautor und -regisseur von schrillem Humor

Tag 61

LEKTION 62 DES TAGES

Shoppen

Wie wähle ich die richtige Zeit aus, den richtigen Ort, und dann noch die richtigen Waren? Fenster öffnen, Geld hinauswerfen, Fenster schließen – eine probate Methode, gilt aber vor Ort als feige.

Sie könnten spielend von Ihrem Wohnort Nippes aus die U-Bahn nehmen. Diese vereint jedoch mehrere Nachteile: Sie kostet Geld, das Sie ja später wieder zum Shoppen brauchen. Außerdem sitzen in den Nahverkehrsmitteln zum Teil Nicht-Kölner, manche verströmen unfeinen nicht-kölschen Körpergeruch. Und auf dem Rückweg müssten Sie Ihre acht bis neun Einkaufstüten ja tragen.

Nein, nein, Sie fahren Auto. So haben Sie die Wahl zwischen ganz verschiedenen Schlangen vor den Parkhäusern. Sobald Sie aussteigen, benutzen Sie Ihre mitgebrachte Machete, um sich Platz zu verschaffen, denn wieso sind diese ganzen Idioten gerade heute unterwegs, wo Schlussverkauf ist? Achtung: In der Hohen Straße finden sich nur externe Touristen (USA, Spanien, Berlin), in der Schildergasse interne Touristen (Dormagen, Hürth, Rösrath). Der wahre Kölner aber shoppt nur in der Breiten und Ehrenstraße sowie im Belgischen. Tolerant überlassen Sie die Köln-Arkaden den Orientalen, egal ob sie einheimisch oder zugewandert sind: Kurden, Kaukasier, Kalmüken.

Steht Ihnen der Sinn nach Nobelshoppen, wählen Sie die Apostelnstraße oder Rodenkirchen zur Selbstdarstellung. Die eigentlichen Einkäufe erledigt freilich Ihr Personal für Sie.

Sie selbst hingegen vergleichen nur Ihren X5 mit den Billigkarossen der anderen. Sie sammeln in jedem Shop Paybackkarten, Sie erneuern bei jeder Gelegenheit Ihren Handyvertrag zu noch günstigeren Konditionen, denn ganz ehrlich, Geld spielt keine Rolle, aber wenn Geld doch eine Rolle spielt, haben Sie ja das Konto bei der Kreissparkasse oder der Kölner Bank, wo Sie Kredit kriegen, denn Ihr Sachbearbeiter ist im selben Karnevalsverein wie Sie.

WORT DES TAGES

Blänkejänger

Schulschwänzer

SATZ DES TAGES

Dumme ens jet mieh.

Geben Sie mir etwas mehr.

FREIZEIT-TIPP DES TAGES

Spaziergang über die Dürener Straße, dabei großzügig abfällige Blicke verteilen über das popelige Pelzpack.

PROMINENTER DES TAGES

Iwan David Herstatt

Er hatte bei der Pleite seiner Bank auch „ein bisschen Pech", denn wenn so ein Buchhalter die Bilanzen fälscht ...

Tag 62

LEKTION 63 DES TAGES

Leben im Schatten der Großmoschee

Seit Jahrzehnten gibt es Hunderttausende Moslems in Köln, die sich zu ihren Gottesdiensten größtenteils in winzigen Hinterhofmoscheen treffen. Anfang des Jahrtausends fragte man sich dann: Wie wäre es, wenn man eine Zentralmoschee bauen würde? Die Idee hatte ein gewisses Flair, zumal von vornherein klar war, dass das Gotteshaus von der DITIB geleitet werden würde, der Türkisch-Islamischen Union der Anstalt für Religion, die direkt der türkischen Regierung untersteht. Hierdurch war gesichert, dass unerwünschte Begleiterscheinungen wie Transparenz, Demokratie, Offenheit und Modernität keinen Einzug halten würden. Das stellte die Vertreter der Katholischen Kirche zufrieden. Die sagten: „Super. Genau wie bei uns – das geht."

2009 fing man an zu bauen, und schon wenige Jahre später konnte man den Rohbau bestaunen, der von Osten aus betrachtet tatsächlich reizvoll orientalisch anmutet, von Süden aus jedoch eher an einen Atommeiler erinnert. Dies liegt vermutlich auch an der überraschend schlichten Außengestaltung aus Beton. Möglicherweise war ursprünglich mal südländische Buntheit angedacht, aber dann hat man sich an den tristen Fassaden der Inneren Kanalstraße umgeschaut und ausgerufen:

„Um Allahs Willen, wir sind nicht freudlos und grau genug. Wo bleibt da die Integration?"

Der aktuelle Entwurf passt jedenfalls perfekt ins Stadtbild, und auch sonst hat man sich um eine optimale Anpassung an Kölner Traditionen bemüht: Das Gebäude, das eigentlich im Jahr 2012 in Betrieb genommen werden sollte, hat inzwischen eine mehrere Jahre andauernde Karriere als Bauruine hinter sich und muss bereits vor der Fertigstellung saniert werden. Da müssen sich die Bauherren weder hinter der Nord-Süd-U-Bahn noch hinter der Renovierung der Bühnen verstecken.

WORT DES TAGES

Baat

Bart

SATZ DES TAGES

De Baat es aff.

Der Bart ist ab.

FREIZEIT-TIPP DES TAGES

Nutzen Sie die Gelegenheit, zwei Kölner Tugenden miteinander zu verbinden (religiöse Toleranz und Bequemlichkeit) und besuchen Sie, als Zeichen Ihrer Offenheit, bei nächster Gelegenheit die Großmoschee – in der Gewissheit, dass diese Gelegenheit nicht vor dem Jahr 2030 kommen wird.

PROMINENTER DES TAGES

Christoph Daum

Fußballtrainer. Er machte den umgekehrten Weg und emigrierte vorübergehend in die Türkei.

Tag 63

LEKTION 64 DES TAGES

Die Bürgerzentren, das linke H❤rz von Köln

Köln ist katholisch und links. Anderswo mag das ein Problem sein, aber der Kölner hält Widersprüche mühelos aus, indem er sie kurzerhand ignoriert (die unfehlbare „Jeder-Jeck-ist-anders-Taktik").

Hunderttausende in der Stadt hängengebliebene Pädagogikstudenten haben in Jahrzehnten ein üppiges linkes Ökosystem geschaffen. Die sichtbarsten Manifestationen dieser Entwicklung sind vielleicht die Bürgerzentren, von denen ein gutes Dutzend über das ganze Stadtgebiet verstreut liegt.

Also: Stürzen Sie sich fröhlich ins bunte linke Treiben. Helfen Sie mit, die Menschheit zu retten – oder wenigstens das Schwarzkehlchen und das Zimbelkraut. Oder, wenn Ihnen der Sinn nach etwas Leichterem steht, belegen Sie einen der vielen Kurse: Erlernen Sie die Kunst der Feldenkraisimaginationsreise, schamanisches Heilen, kreolischen Bauchtanz für werdende Väter, die Saz oder Esperanto.

Alternativszeneanfänger suchen danach Erholung in den zu den Bürgerzentren gehörenden Cafés. Die werden jedoch ebenfalls von den zahllosen Eltern-Kind-Gruppen frequentiert, die sich hier treffen. Wobei „Kind" jeweils eine Horde Fünfjähriger bezeichnet, die es gewohnt sind, ihre gesamte Umwelt auch im öffentlichen Raum hemmungslos zu terrorisieren – alles andere würde sie in ihrer freien Entwicklung zu gesunden, die Verhältnisse kritisch hinterfragenden Nonkonformisten beeinträchtigen.

Also Vorsicht: Wenn es Ihnen unangenehm ist, dass Ihnen ein Fünfjähriger auf die Füße kotzt oder lustvoll Ihren halbvollen Teller vom Tisch fegt, dann geben Sie sich damit als ewiggestriger Spießer zu erkennen. Da gibt's dann nur noch eines: Schaffen Sie sich selbst ein Kind an und dann entdecken Sie den antiautoritären Freigeist in sich: Stopfen Sie das Blag mit Gummibärchen, Kartoffelchips und Cola voll, bis es platzt – und dann auf ins Bürgerhaus-Café!

WORT DES TAGES

Panz, Pänz

Kind, Kinder

Das Wort kommt tatsächlich von „Wanst" oder „dicker Bauch".

SATZ DES TAGES

Das Panz deit Jeseechter maache!

Das Kind schneidet eine Fratze!

FREIZEIT-TIPP DES TAGES

Spazieren Sie auf eine Krabbelgruppe in einem Bürgerzentrums-Café zu, brüllen Sie dann unvermittelt ein paar der Bälger an und fragen Sie die geschockten Mütter, ob Sie hier richtig bei der Urschreigruppe sind.

PROMINENTER DES TAGES

Klaus der Geiger

Einer der bekanntesten Straßenmusiker Deutschlands, lieferte die Backgroundmusik zur Entwicklung der linksalternativen Szene.

Tag 64

LEKTION 65 DES TAGES

Wie geht man mit Russen in Köln um?

Ignorieren Sie den russischen Laden in der Kölner Altstadt, der Wochenendtouristen aus Bacharach russische Matrjoschki verkauft. Sie wissen schon: In einer Putinpuppe steckt Jelzin, in Jelzin steckt Gorbi, in Gorbi steckt Stalin, und in Stalin steckt – Snowden.

Stattdessen entdecken Sie den rauen Duft der Taiga mit einem einfachen Ticket der KVB gen Südost bis Köln-Porz-Finkenberg. Ziehen Sie keine gut gefütterten Fellstiefel an, auch keine Bärenfellmütze. Sie brauchen noch nicht mal Wodka als Gastgeschenk für die wildromantischen Einheimischen von Finkengorod, wie es liebevoll von kölschen Sozialforschern genannt wird. Nein, all diese Dinge erstehen Sie dort günstig vor Ort! Der Mixmarkt ist Ihr Ziel. Rempeln Sie bereits am Eingang jemanden wie selbstverständlich an und brummen Sie betont teilnahmslos „Prastizjä!" Man wird Sie für einen einheimischen kölschen Russen halten. Klaglos wird hier akzeptiert und gutgeheißen, wenn Sie alle frischen Waren erst ausgiebig probieren, daran herumtatschen und sie auch manchmal achtlos wieder fallen lassen. Man wird denken, Sie seien ebenfalls in achter Generation in Magnitogorsk großgeworden, aber von kölschen Vorfahren abstammend. Sie werden zwar nicht verstehen, was auf den Waren steht, können die Konserven aber sorglos mehrere Jahrzehnte in der Speisekammer stapeln. Die Überlebenden spielen auch den Dritten Weltkrieg. Irgendwann wird schon ein russischer

Handwerker oder Briefträger bei Ihnen auftauchen, den können Sie dann bitten, das eine oder andere Etikett zu entziffern. Nebeneffekt? Aber hallo! Die Handwerkerrechnungen fallen plötzlich deutlich niedriger aus! Wenn das Abflussrohr dann den einen oder anderen Knick hat, dürfen Sie natürlich nicht kleinlich sein.

WORT DES TAGES

Schibes

Betrunken

SATZ DES TAGES

Nix blieb, wie et is.

Alles ändert sich.

FREIZEIT-TIPP DES TAGES

Restaurant „Hotelux“ in Deutz

Nach einer Kreuzfahrt durch die Wodkasorten schaukeln Sie mit der Linie 4 nach Mülheim in den Paps-Pub, eine russische Karaokebar. Morgen früh ist Ihre Erinnerung weg, heben Sie die Visitenkarten in Ihrer Tasche deshalb gut auf, darunter sind die nächsten drei Handwerker, die demnächst vor Ihrer Tür stehen.

PROMINENTER DES TAGES

Lew Kopelew

Der Rauschebartdissident weigerte sich zeitlebens, sich der kölschen Schnäuzerdiktatur zu unterwerfen.

Tag 65

LEKTION 66
DES TAGES

Die Hohe Straße

Die Hohe Straße war früher die Nord-Süd-Achse des römischen Kölns, heute ist sie die meistfrequentierte Einkaufsstraße Deutschlands. Das ergeben zumindest einige Zählungen, und nur die sind zuverlässig, da sind Sie sich als Kölner mit Ihren Mitbürgern einig.

Im Mittelalter kannte man die heutige Konsummeile je nach Abschnitt unter weniger klangvollen Namen: „Unter Pfannenschläger" und „An den vier Winden", was mehr nach Dauerfurzbelästigung klingt als nach Shopping.

Doch zum Glück wurde der kölsche Tausendsassa Ferdinand Franz Wallraff 1812 von der französischen Besatzungsmacht beauftragt, die kölschen Straßennamen ins Französische zu übersetzen. Wallraff nutzte die Gelegenheit, um Straßennamen, die ihm peinlich waren, ein wenig aufzuwerten und pfuschte bei der Übertragung bewusst. So konnte man von nun an über die „Rue haute", also „Hohe Straße" flanieren (so hieß zuvor nur ein Teilbereich). Es spricht nicht für die Intelligenz der Franzosen, dass sie diesen billigen Schwindel nicht durchschauten – kein Wunder, dass ihre Herrschaft bald ein Ende hatte. Jetzt musste man nur noch darauf warten, dass die Menschen sich kollektiv dafür begeisterten, ihre Klamotten bei Ketten wie H & M, Esprit und Benetton zu kaufen, anstatt sich mit vernünftigen Sachen einzudecken – und natürlich darauf, dass jemand die Fußgängerzone erfand.

Als echter Kölner sind Sie natürlich irgendwie stolz auf die Vorzeigemeile. Aber ansonsten halten Sie's wie mit der

Altstadt – Sie gehen nicht hin. Denn wer die Domumgebung besucht, outet sich als Tourist. Falls es sich bei Ihnen jedoch um ein Fashionvictim mit Hang zu billiger Massenware handelt und es Sie daher magisch zu den Shops der Fußgängerzone zieht, laden Sie am besten Ihre Verwandten ein. Verwandtschaftliche Fürsorge ist die perfekte Ausrede für einen Ausflug in die No-Go-Zone des echten Kölners. Oder aber Sie zünden im Dom eine Kerze für den FC an – das geht natürlich immer.

WORT DES TAGES
Baselümche
Die „besten Lumpen", billiger Fummel

SATZ DES TAGES
Dat jitt et för ene Appel un e Ei.
Das gibt's für einen Apfel und ein Ei.

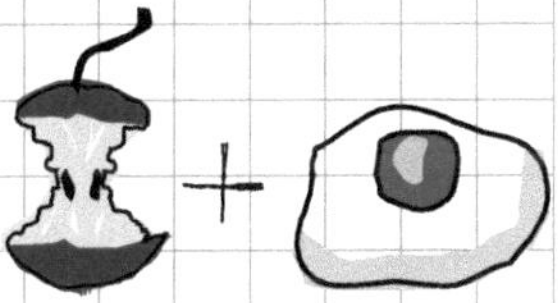

FREIZEIT-TIPP DES TAGES
Zählen Sie alle Läden in der Hohen Straße. Sobald Sie fertig sind, fangen Sie von vorn an, denn bis dahin hat garantiert am anderen Ende schon wieder ein neuer aufgemacht.

PROMINENTER DES TAGES
Ferdinand Franz Wallraf (1748–1824)
Bedeutender Kunstsammler, vermachte seine Sammlung der Stadt Köln – der Grundstock des späteren Wallraf-Richartz-Museums.

Tag 66

LEKTION 67 DES TAGES

Mitsingen

In Köln ist es eine gute Tradition, neue Traditionen zu gründen. Das Militär und die winterlichen Feiern hatten in Köln große Tradition. Diese beiden Traditionen wurden nun zur Tradition des Karnevals verknüpft. Zu diesem Anlass Lieder zu komponieren, aber auch andere Mundartlieder, die man im Rest des Jahres singen kann, ist auch eine schöne Tradition. Da manche traditionellen Lieder aber nach und nach vergessen wurden, hob man die Tradition aus der Taufe, alte kölsche Lieder neuerdings gemeinsam zu singen.

Seit 2007 werden aber nicht nur Karnevalslieder im Weißen Holunder gesungen, sondern auch Volkslieder, im Dialekt vorgetragene, schräge Songs namens Krätzchen, in denen viel geliebt, gestorben und gesoffen wird. Man verteilt Textzettel, sodass man immerhin mitsingen kann, was dem Imi nachher mühsam vom Einheimischen erklärt wird.

Eine andere Variante ist „Loss mer singe". Seit 2001 wird quasi „das unbekannte Karnevalslied" entdeckt. Vor der Session wohlgemerkt. Ob an diesem Terminfrevel jemand Anstoß nimmt? Mit Sicherheit. Und mit Sicherheit ist das egal! Die Besonderheit ist, dass es eine Art Hitvorhersage darstellt, eine Vermutung, was diese Session groß ankommen wird, aber auch, was man als Geheimtipp nicht übersehen sollte.
Ganz neu kam 2015 die Idee dazu, im Fußballstadion mit tausend anderen Weihnachtslieder zu singen. Bekloppt? Normaal. „Loss mer Weihnachtslieder singe". Blockflöten

statt Baseballschläger. Glühwein statt Plastikbecherbier. Von Schlägereien in der Südkurve wurde nichts bekannt. Sensationell auch die Aktivenzahl: Aus achtunddreißig Chören traten insgesamt eintausendzweihundert Sänger auf – rekordverdächtig!

WORT DES TAGES

Lavumm

Tambourin

SATZ DES TAGES

Isch han ming Ping wie der Pitter an singem Ding.

Unübersetzbar

FREIZEIT-TIPP DES TAGES

Nächste Weihnachten den Sternsingern selbst Weihnachtslieder entgegenschmettern.
Kostet nichts und macht einen Heidenspaß (sic).

PROMINENTER DES TAGES

Gerd Köster

Er hat mit dem Album „Dreckelije Krätzje" der anderen Variante Kölner Liedguts eine prima Plattform verschafft.

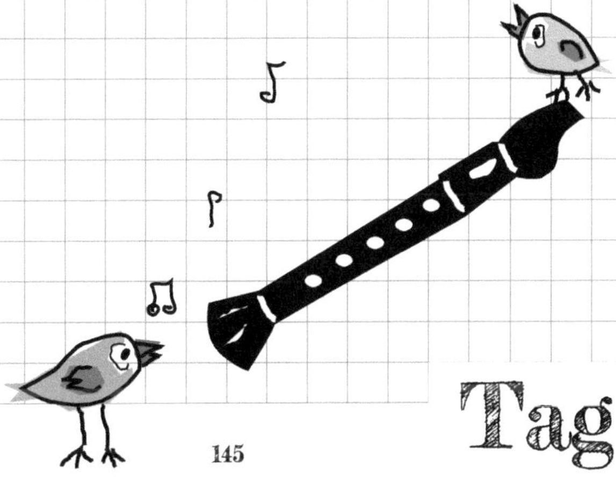

Tag 67

LEKTION 68 DES TAGES

Klüngeln will gelernt sein

1288 gewannen die Kölner die Schlacht bei Worringen gegen den Erzbischof. In der Folge übernahmen fünfzehn Patrizierfamilien die Geschicke der Stadt und tauchten von da an immer wieder als Ratsmitglieder und Bürgermeister in den Chroniken auf – bis 1794 die Franzosen dem Spuk ein Ende machten. Kein Wunder, dass sich unter diesen Umständen ein ganz eigener Zugang zu demokratischen Entscheidungsprozessen entwickelte: „Mer kennt sich, mer hilft sich". Der Kölner Klüngel war geboren.

Auch Oberbürgermeister Konrad Adenauer war dafür berüchtigt, sich selbst zinsfreie Kredite aus der Stadtkasse zu gewähren, um Aktienkäufe auf Insidertipps hin finanzieren zu können. In späteren Jahrzehnten wurden gut dotierte Leitungspositionen in stadtnahen Gesellschaften wie dem Köln/Bonner Flughafen und der KVB unter den Ratsparteien ausgeschachert an ebenso altgediente wie unfähige Parteimitglieder, die man loswerden wollte. So etwas konnte man hinnehmen – immerhin empfindet der Kölner seine Stadt als großes Dorf, und im Veedel und im Karnevalsverein hielt man es ja genauso – nur eine Nummer kleiner.

Doch in den letzten Jahrzehnten ist das fein austarierte System der gegenseitigen Hilfestellung in Schieflage geraten: So ruiniert die tief verschuldete Stadt Köln sich selbst durch überteuerte Großprojekte, die man sich von windigen Unternehmern oder Fondsmanagern andrehen lässt: der Müllskandal, die Köln-Arena mitsamt Technischem Rathaus, die gigantischen Coloneum-Fernsehstudios, die neuen Messehallen. Schließlich stürzte auch noch das Historische

Stadtarchiv ein. Ursache: Korruption und Pfusch. Im Vergleich zur kriminellen Energie vieler Kölner Verantwortungsträger wirkt die sizilianische Mafia wie ein versprengtes Häufchen von Falschparkern und Hütchenspielern.

Also – klüngeln Sie ruhig munter drauflos, aber bewahren Sie dabei Augenmaß. Oder wie mal ein weiser Mensch gesagt hat:

WORT DES TAGES

Spätzboov

Spitzbube

SATZ DES TAGES

Dä Kuschelemusch in ürem Verein mach ich nicht met.

Das Gemauschel in eurem Verein mache ich nicht mit.

FREIZEIT-TIPP DES TAGES

Gehen Sie der Sache auf den Grund und besuchen Sie eine der Brutstätten des kölschen Klüngels: das Historische Rathaus in der Altstadt.

PROMINENTER DES TAGES

Lothar Ruschmeier (1945–2012)

Oberstadtdirektor von 1990–1998. In seiner Amtszeit schloss die Stadt Köln den für sie extrem nachteiligen Deal mit dem Oppenheim-Esch-Fonds über den Bau der Köln-Arena und des Technischen Rathauses ab. Unmittelbar nach Ende seiner Dienstzeit trat Ruschmeier dann einen neuen Job an – in der Geschäftsleitung der Oppenheim-Esch-Holding.

Tag 68

LEKTION 69 DES TAGES

Litcologne

Gehen Sie auf alle Lesungen, kaufen Sie alle Bücher, genießen Sie den Rest des Jahres sämtliche Podcasts. Fertig ist die Laube … ha, denkste! Wenn es so einfach wäre, wären wir alle der Karnevalsprinz, 1,5 Millionen auf einem Wagen, den der arme Gaul nur mühsam voranzieht, und an der Zugstrecke stünde leider niemand. No, no, no. Es geht um den Diskurs. Das ist ein Sportgerät mit reingerutschtem „R". Wagen Walser-Rezipienten, Böllsche Vergleiche anzustellen, wenn im Lenznachlass Undruckbares in Arno Schmidtscher Manier auftaucht, und, ja hätte denn da nicht der Verlag mehr Verantwortung zeigen müssen?

Ein Nobelpreisträger wie Pamuk kostet schon mal vierzig Euro Eintritt, ob Sie nun Türkisch verstehen oder nicht. Eine Iris Berben oder andere Schauspielerin gehört immer dazu. Campino, Bettina Boettinger ein großer Teil der Litcologne besteht aus Prominentenauflauf. Ist eine Lesung eines schlechten Buches eine gute Lesung, nur weil sie auf einem Schiff stattfindet? Man hat die Wahl, ob einem vom Text schlecht wird, vom Schiffsgeschaukel oder von den schalen Restkölschfässern. Ist es wirklich schlimm, dass keine tiefe Literatur gefeiert wird, sondern nur der normale Krimi mit dem üblichen Schweden, der den typischen osteuropäischen Täter mit seiner aber auch scheiße schlechten Kindheit festnehmen soll?

Pro Saison finden etwa zweihundert Veranstaltungen statt. Macht im Schnitt bei einer Million Einwohnern fünftausend Besucher pro Veranstaltung. Gerade wenn man an die

speziellen Lesungen in den Privathäusern denkt, eine beruhigende Vorstellung. Niemand muss hier frieren. Und alle, alle profitieren. Die Autoren müssen nur das lesen, was sie eh schon geschrieben haben. Die Zuhörer bekommen das Gefühl, etwas gelesen zu haben, ohne unmäßig viel Zeit aufzuwenden, die man viel besser irgendwo im Internet verbringt. Win-win-win, geistiges Freibier für alle!
Merke: Nur echt falsch geschrieben, also: „lit.COLOGNE". Als Literaturfestival gleich vier Schreibfehler in einem Wort unterzubringen, ist eine Leistung: ein Substantiv klein begonnen, Punkt mitten im Wort, unzulässige Zusammenschreibung, falsche Großschreibung.

WORT DES TAGES

Betuppen

Betrügen

SATZ DES TAGES

Bruche mer nit, fott domit.

Brauchen wir nicht, weg damit.

FREIZEIT-TIPP DES TAGES

In den Büchertauschstellen Bücher entnehmen und heimlich bei der Mayerschen Buchhandlung ins Regal stellen.

PROMINENTER DES TAGES

Heinrich Bölls Clown

Er wohnte am Ehrenfeld-Bahnhof.

LEKTION 70 DES TAGES

Werden Sie ein Herr der Ringe

Etwa 1880 war es so weit: Das mittelalterliche Köln wurde einfach zu klein. Köln musste wachsen – und die Stadtmauer weg. Ihrem Verlauf folgend legte man einen etwa sechs Kilometer langen Prachtboulevard an, der das alte Köln umschloss – die Ringe. Der Plural ist dabei zwingend: Man flaniert nicht über „den Ring" oder „die Ringstraße", nein, man spaziert „die Ringe" entlang.

Bei der Benennung orientierte man sich an der Stadtgeschichte, kombiniert mit der Geschichte des Deutschen Reiches – immerhin befand man sich im Zeitalter des aufkommenden Nationalismus. Um die ganze Sache einfacher zu machen, ging man dabei chronologisch vor: Im Süden begann man mit dem Ubierring, benannt nach dem germanischen Stamm, der hier siedelte, es folgten die Herrscherhäuser: Karolinger, Sachsen, Salier, Hohenstaufen, Habsburger und Hohenzollern. Von da an wird es ein wenig chaotisch: Erst schließt sich der Kaiser-Wilhelm-Ring an, der einzige Teil, der nach einer Einzelperson benannt wurde, aber immerhin war der Mann damals der Endpunkt der Herrschergeschichte. Nun folgt der Hansaring, der abrupt die bisher so vorbildlich chronologisch abgehandelte deutsche Geschichte ausblendet und an die Kölner Vergangenheit als Hansestadt erinnert. Und den Abschluss im Norden bildete damals der Deutsche Ring, was natürlich im Vergleich zum Rest ganz und gar schwammig war. Man schien auch nicht wirklich zufrieden, und als man den benachbarten Adolf-Hitler-Platz nach dem Ende der Naziherrschaft in Ebertplatz umbenannte, machte man einen großen Aufwasch und aus dem Deutschen wurde der Theodor-Heuss-Ring.

Also, seien Sie den damaligen Planern dankbar, denn hier wird es Ihnen mal wirklich leichtgemacht: Falls Sie einigermaßen im Geschichtsunterricht in der Schule aufgepasst haben, können Sie die Ringteile locker hintereinander weg aufzählen, ohne auch nur die Spur einer Ahnung von der Stadtgeografie zu haben. Zum Beeindrucken von Touristen reicht das auf jeden Fall immer.

WORT DES TAGES

Pooz

Tor

SATZ DES TAGES

Bis dohin läuf noch vill Wasser de Rhing eraf.

Bis dahin läuft noch viel Wasser den Rhein herauf. Vorsicht: Ring und Rhing werden vom Laien schnell mal verwechselt.

FREIZEIT-TIPP DES TAGES

Machen Sie einen kleinen Einkaufsbummel – aber diesmal nicht Klamotten, sondern Drogen. Koks und Amphetamine kriegen Sie am ehesten vor den Clubs auf dem Hohenzollernring, Gras gibt's am Ebertplatz. Für Heroin müssen Sie runter von den Ringen – zum Breslauer Platz oder Neumarkt.

PROMINENTER DES TAGES

Wilhelm Joest (1852–1897)

Naturwissenschaftler und Weltreisender.
Seine ethnologische Sammlung wurde von seiner Schwester der Stadt Köln vermacht. Das nach den beiden benannte Rautenstrauch-Joest-Museum lag bis zum Umzug 2010 am Ubierring 45.

LEKTION 71 DES TAGES

Baustellen ertragen

Der Rheinländer gilt als lebhafter Charakter, doch gerade als Einwohner von Köln sollten Sie so schnell wie möglich auch eine stoische Seite in sich entwickeln, falls Sie das schwere Schicksal getroffen hat, hin und wieder Ihre neue Heimatstadt verlassen zu müssen.

Der Grund hierfür: die Kölner Baustellen. Die Kölner Art zu bauen, unterscheidet sich nämlich in einigen Punkten grundlegend von der Art und Weise, die man anderswo an den Tag legt. Dies gilt zunächst mal für die Reihenfolge: Im Rest des Landes plant man die Baumaßnahme zunächst gründlich, bevor man loslegt. In Köln aber legt man erst einmal eine Baustelle an, gräbt ein schönes Loch – und überlegt danach, was das Ganze überhaupt soll. Soll die Straße ausgebessert, eine Leitung verlegt oder ein neues Gebäude errichtet werden? Egal, das wird sich mit der Zeit schon finden. Historiker vermuten zum Beispiel, dass der Kölner Dom ursprünglich ein Plumpsklo oder ein Badehäuschen werden sollte. Als man nach ein paar Jahren mit dem Projekt immer noch nicht fertig war, schaute man sich an, was man bis jetzt hatte, und stellte fest, dass das Gemäuer irgendwie sakral wirkte – also einigte man sich: Das Ding wird ein schicker Dom.

Auch die Neigung des Kölners, die meisten Dinge des Lebens mit einer entspannten Laissez-faire-Haltung anzugehen, erweist sich immer wieder als Stolperstein. Da stürzt dann schon mal ein Gebäude ein oder Kirchtürme stehen plötzlich schräg. Der Kölner hat gelernt, damit zu leben. Schließlich kommt er auch damit klar, dass Baukräne und -maschinen monatelang seine Straßen blockieren, obwohl sie anscheinend niemals benutzt werden.

Die ganze Meisterschaft der Kölner Bauplaner erweist sich allerdings erst auf den Autobahnen rund um Köln, wo man einen mehr oder weniger undurchdringlichen Baustellenkordon errichtet hat. Hier zeigt sich die Strahlkraft der Rheinmetropole: Obwohl sie im Prinzip verkehrstechnisch vom Rest des Landes abgeschnitten wurde, zieht sie Menschen von überallher an. Das schafft nur Köln!

WORT DES TAGES

Kuselei

Schlampige Arbeit

SATZ DES TAGES

Wat nit es, dat kann noch wäde.

Was nicht ist, das kann noch werden.
Leitsatz des kölschen Stoizismus

FREIZEIT-TIPP DES TAGES

Spazieren Sie ausgiebig über den Heinrich-Böll-Platz und treiben Sie damit das städtische Wachpersonal zum Wahnsinn. Der Platz befindet sich nämlich direkt über der Philharmonie. Seit Jahrzehnten muss er drei Mal täglich während Proben und Aufführungen abgesperrt werden, weil die Schritte der Passanten sonst im Saal hörbar wären.

PROMINENTER DES TAGES

Meister Gerhard (ca. 1210–1271)

Erster Dombaumeister, begründete die Kölner Tradition, mit der Abwicklung öffentlicher Bauprojekte nicht allzu schnell fertigzuwerden.

LEKTION 72 DES TAGES

Wie verhalte ich mich am 11.11.?

Sie bereiten sich ab dem Tag nach Aschermittwoch akribisch vor, denn Sie haben gerade mal knappe neun Monate Zeit für Spontaneität! Sie lernen kölsche Lieder, studieren würdelose Tänze und trinken sich pro Kölschsorte einmal ins Wachkoma. Sie lernen die Ahnenreihen der Kölner Dreigestirne. Wenn der Name Theodora fällt, nicken Sie wissend: „Theodora, 1961. Der musste zurücktreten. Dann hat die Jungfrau aus dem Vorjahr es noch mal gemacht … und wurde noch mal entjungfert!" Sie schauen alle Karnevalsübertragungen des WDR. Keine Angst, immer wenn Lachen angebracht ist, hilft Ihnen ein lautes Tuschgeräusch. Der 11.11. ist endlich da: Ruhe bewahren. Es genügt, wenn Sie sich gegen fünf Uhr morgens auf den Weg zum Heumarkt machen. Sie treffen auf einige Erfrorene, die dort übernachtet haben, und gelangen durch die Leichen hindurch spielend zur Bühne, die die Welt bedeutet.

Achtung:

Das Kostüm „Düsseldorfer" gilt als politisch inkorrekt, denn über benachteiligte Minderheiten lacht man nicht!

Vor Ihnen liegen kulturelle Ergüsse von Bernd Stelter, einem speckigen Volkswirt aus Unna, der alljährlich dazu dient, die kölsche Toleranz zu testen; von Brings – Sie wissen schon, mit dem Typen im Schottenrock, der gefühlt seit zehn Jahren in Werbeplakaten der KB herumradelt. Höhner, Paveier, Krageknöpp … Jeweils zwanzig Minuten Auftrittsdauer, also viel zu lang! Von den drei Hits können Sie den zweiten schon nicht vom ersten unterscheiden. Je näher elf Uhr elf rückt, desto unruhiger werden Sie. Sobald aber einer der Reporterimitate von RTL und Radio Köln Sie befragt mit den noch warmen Fragen vom letzten Jahr: „Wie ist bei Ihnen die Stimmung?", schunkeln Sie mit den Nebenleuten und krähen: „Suppa!" Auf die Zweitfrage: „Wie lange sind Sie denn schon hier?" lachen Sie und winken ab. Schließlich wird Ihnen die Frage aller Fragen gestellt: „*Wo sind Sie denn her?*"Die Welt hält den Atem an. Die Anzahl der Falschantworten ist groß: Sauerland, Hamburg, Belgien, Tagebaugebiet ... Sie aber jubilieren stolz: Isch komm' hier us Kölle!

WORT DES TAGES

Alaaf

Alles andere weg, oder: über alles

SATZ DES TAGES

Isch bin ene kölsche Jung.

Diese Aussage ist fast immer gelogen, mal geschlechtshalber, mal passamtlich, aber nur Millowitsch konnte den Satz „un du jään laache" so todtraurig dahinsingen.

FREIZEIT-TIPP DES TAGES

Karnevals Deiters in der Gürzenichstraße 25 hat vor dem 11.11. immer einen verkaufsoffenen Sonntag.

PROMINENTER DES TAGES

Markus Ritterbach

Präsident des Festkomitees, Herrscher über sechzig organisierte Vereine

LEKTION 73 DES TAGES

Als Neukölner sind Sie bestens mit der Senderlandschaft der Stadt vertraut, und vielleicht, ja wahrscheinlich, ja aber klar doch war das der Hauptgrund für diese Ortswahl!

Ganz oben steht der Bildungsbürgersender RTL. Die Abkürzung steht für Rational, Topintelligent und Literaturlastig. Mit dem Herzug nach Köln zeigten die Macher der Öffentlichkeit mit kritischer Berichterstattung, wie oberflächlich diese Welt ist. Die Reporter Hugo Egon Balder und Hella von Sinnen warfen Torten, um dies zu bekräftigen. In „Tutti Frutti" entblößten sich junge Frauen als Protest gegen die Gesellschaft, und in der Mini-Playback-Show bekamen Eltern gezeigt, wie man Kinder fördern kann. Um den anspruchsvollen Forderungen nach einer besseren Welt Nachdruck zu verleihen, schickten die Aktivisten bei RTL nacheinander die Sitcomwelle ins Rennen, die Talkshow-welle, die Gameshowwelle, die Realitywelle und neuerdings eine zeitkritische Form wie „Der Blaulichtreport" und „Verdachtsfälle", in denen engagierte Amateure darauf verzichten so zu tun, als seien sie Schauspieler, um gleichzeitig leidenschaftlichen Hausfrauen die Chance zu geben, die Drehbücher für diese Art von Scripted Reality zu verfassen. Ist nicht die Wirklichkeit oft zu unreal? Na also!

2010 zog der Sender vom lumpenproletarischen Köln-Junkersdorf ins klassenkämpferische Köln-Deutz, um die Obrigkeit (Dom) allzeit im Auge zu behalten. Als Zeichen des

Widerstands gegen die Obrigkeit untersagte RTL natürlich den Besuch des Messeturms. Wenn Sie dennoch Einlass begehren, hier ein Tipp: Denken Sie sich eine blitzmoderne Serie aus, wie die Amerikaner sie seit zehn Jahren produzieren, á la „House of Cards", „Breaking Bad", „Lie To Me". Besetzen Sie sie mit Spitzenschauspielern wie Katy Karrenbauer, Sven Martinek und Dings Katzenberger. Lassen Sie von den Redaktionsfachkräften vor Ort die Dialoge vereinfachen, die Musik zugänglicher machen und die Handlung von Langzeitaufstockern improvisieren, und schon sind Sie tiefer drin, als Sie sich hätten träumen lassen.

WORT DES TAGES

Puddelrüh

Splitternackt

SATZ DES TAGES

Do laachste dich kapott!

Da lacht man sich kaputt!

FREIZEIT-TIPP DES TAGES

Rufen Sie jetzt an, wenn Sie dieses Kapitel nackt lesen!

PROMINENTER DES TAGES

Günther Jauch

Den Höhepunkt des gesellschaftlich-kritischen Aktivismus erreichte RTL durch die Verpflichtung von Günther Jauch. Zu seinen Aufgaben gehörte es, die Nachrichten zu lesen, den Sport zu moderieren oder auch kritische Diskussionssendungen wie „Skispringen" und „6! Setzen – Das Wissensduell Groß gegen Klein".

Tag 73

LEKTION 74 DES TAGES

Nehmen Sie sich ein Beispiel an der Klosterfrau

Dass Religiosität und Geschäftssinn glänzend zusammenpassen können, hatte bereits der Kölner Erzbischof Rainald von Dassel Mitte des zwölften Jahrhunderts bewiesen, als er die angeblichen Gebeine der Heiligen Drei Könige von Mailand nach Köln überführte. Das hatte in etwa dieselbe Wirkung, als hätte der 1. FC Köln Lionel Messi, Neymar und Cristiano Ronaldo gleichzeitig eingekauft: Die Leute kamen in Scharen, um die Superstars zu sehen, und brachten jede Menge Geld in die Stadt.

1825 dann tauchte Maria Clementine Martin im Rheinland auf. Sie war Nonne und hatte im Karmeliterkloster Brüssel mitbekommen, wie man einen tollen Melissengeist herstellt, den sic bald in Köln als „ächtes Carmeliter-Wasser" zu produzieren begann (neben einem anderen Mittelchen, das einen angeblich vor der Pest schützte). Der Erfolg der Unternehmung stand lange Zeit auf der Kippe, drang Schwester Maria doch in einen beinhart umkämpften Markt ein – vierundsechzig verschiedene Firmen produzierten vierundsechzig verschiedene „Kölnischwasser" und konkurrierten mit allen Mitteln: Allein vierzig Hersteller verwendeten den Namen „Farina", was den originalen Kölnischwasserpapst in eine Prozessflut trieb.

Der endgültige Durchbruch für die geschäftstüchtige Nonne kam, als sie die exklusive allerhöchste (königliche, nicht göttliche) Genehmigung erwirkte, auf ihren Fläschchen den Preußischen Adler führen zu dürfen. Das zog, zumal die

Start-up-Gründerin kurzerhand nicht nur – wie genehmigt – den Adler, sondern kurzerhand gleich das gesamte preußische Wappen abdruckte. Die Leute waren endgültig überzeugt: Wenn der König dem Produkt seinen Segen gab, dann musste was dran sein. Der Mann kannte sich aus, schon von Amts wegen. Schon bald konnte Maria Zweigstellen in Berlin, Bonn und Aachen eröffnen. Aus der Nonne war endgültig eine Vorzeigefigur des Big Business geworden. Trotzdem blieb sie bodenständig und beliebt, erst ihre Nachfolger brachten die Marke „Klosterfrau" auf den Weltmarkt.

WORT DES TAGES

Müffele

Stinken

SATZ DES TAGES

Nä, nä, Marie, es dat hee schön!

Ach, Maria, ist das hier schön!
Universeller Ausdruck der grundsätzlichen rheinischen Zufriedenheit mit der Welt und dem Leben.

FREIZEIT-TIPP DES TAGES

Lassen Sie sich das schönste Beispiel klerikaler Geschäftstüchtigkeit nicht entgehen und besuchen Sie die Domschatzkammer – mit den hundertprozentig echten Gebeinen der Heiligen Drei Könige.

PROMINENTER DES TAGES

Günter Wallraff

Enthüllungsjournalist. Wenn irgendwo etwas stinkt – Günter Wallraff deckt es auf. Er ist damit so bekannt geworden, dass man in Schweden für das Recherchieren unter falscher Identität ein neues Wort eingeführt hat: „Wallraffing".

LEKTION 75 DES TAGES

Rhein

Sagen Sie nie Rhein, wenn Sie den Rhein bei Köln meinen, denn der Rhein bei Köln, dat is dä Rhing. Klingt nach Thing und gotisch, the next big thing, Kölle am Rhing. Jede Sekunde fließen zweitausend Kubikmeter Rheinwasser durch Köln. Niemand, der etwas dagegen täte, niemand, der sich darüber beschwert, dabei ist zum Beispiel die Plastikbelastung des Wassers zehnmal so hoch wie bei Basel. Pro Jahr fließen also dreiundsechzig Billionen zweiundsiebzig Milliarden Liter Giftwasser durch Köln, und doch sind Kölner die glücklichsten Menschen der Welt. Warum? Ganz einfach deswegen, weil im selben Zeitraum zweihundertzweiundfünfzig Millionen Liter Kölsch durch die Körper dieser Kölner hindurchfließen. Was sind dagegen schon dreiundsechzig Billionen Liter Rheinwasser!

Sie lernen den Rhein natürlich auf kölsche Art kennen. Lassen Sie sich beim Wohnungswechsel auf jeden Fall eines der Apartments im neuen schicken Rheinauhafen zeigen. Fragen Sie den Makler, wo die Sonne untergeht. Wenn er die ganze bittere Wahrheit zugeben muss, dass man bei einem Gebäudekomplex mit astronomischen Baukosten leider die Landkarte auf dem Kopf liegen hatte oder schlicht vergessen hatte, wo die Sonne untergeht. Alternativ können Sie ein Loft nebenan in einem Kranhaus beziehen. Und seien wir mal ehrlich, sind achttausend Euro pro Quadratmeter wirklich zu viel, wenn man dann auch den Sonnenuntergang sehen kann?

Apropos Blindheit. Die Tierliebe der Kölner zeigt sich an der kleinen Schäl-Sick-Geschichte. Die Römer besiedelten nur die linke Rheinseite, weil sie fürchteten, am anderen Flussufer hausten Vandalen, Menschenfresser oder gar Leute mit Autokennzeichen wie GM, GL, SU, also Großmütter, Gehirnlose und Schweine unterwegs. Am rechten Rheinufer zogen Pferde Treidelschiffe. Nun geht die Sage, dass das Rheinwasser die Tiere eventuell hätte blenden können, weshalb man ihnen Augenklappen verpasste, piratenlike auf einer Seite nur. Die eine Variante der Geschichte munkelt von einer partiellen Pferdeerblindung, die andere Variante gar lautet, die Pferde wären ansonsten blindlings in den Rhein hineingelaufen. **Merke:** Lassen Sie sich keinen vom Pferd erzählen.

WORT DES TAGES

Fuhl am Strand

Faul am Strand (BAP)

SATZ DES TAGES

Dat Wasser vun Kölle is joot!

Das Wasser von Köln ist gut!

FREIZEIT-TIPP DES TAGES

Mit dem Bötchen einmal rauf- und runterfahren.
Beim Zurückkommen ekstatisch ausrufen: „Der Dom.
Er steht noch!"

PROMINENTER DES TAGES

Heiko Dietrich

Er fährt mit über siebzig immer noch als Fährmann von März bis Oktober von Weiß nach Zündorf. Und, äh, zurück.

Tag 75

LEKTION 76 DES TAGES

Kölner Plätze

Köln ist bekanntlich ein wenig gedrängt angelegt und vermittelt nicht unbedingt den Eindruck großzügiger Weitläufigkeit. Folgerichtig erfahren viele der Kölner Plätze eine eher stiefmütterliche Behandlung. Als Kölner sollte man sich natürlich trotzdem ein wenig auskennen. Hier also ein paar der wichtigsten Plätze:

Heumarkt: In der Altstadt gelegen, ist er für viele Kölner der wichtigste Platz der Stadt, denn hier wird jedes Jahr am 11.11. um 11 Uhr 11 die Karnevalssession eröffnet.

Roncalliplatz: Groß und zugig, Heimstatt von Pflastermalern und Straßenkünstlern, Römisch-Germanischem Museum und Domhotel. Man ist sich einig: Der Roncalliplatz ist der schönste in Köln. Der Grund? Ganz einfach – er liegt direkt am Dom.

Wiener Platz: Er hat eine gute Anbindung an den öffentlichen Personennahverkehr. Damit ist bereits alles Positive gesagt. Ein Ort, von dem man nur schnell wieder wegwill – außer für Fans von grauer, erdrückender Betonarchitektur und für Dealer auf der Suche nach Kundschaft.

Schillplatz: Das Schöne ist, dass es den Schillplatz in Wirklichkeit gar nicht gibt. Die Bezeichnung stammt von den Einwohnern von Nippes, denen der Satz „Treffen wir uns doch auf der namenlosen Platzfläche, die von der Schillstraße und der Mauenheimer Straße eingegrenzt wird“ auf Dauer etwas umständlich erschien.

Der Schillplatz (oder auch „Chillplatz“) ist eines der zahllosen idyllischen Örtchen, die Köln für denjenigen bereithält, der sich vom ersten Eindruck nicht abschrecken lässt. Hier trifft sich das ganze Veedel, hier ist es bunt, hier tobt das Leben mit mediterranem Flair, umstanden von hohen Bäumen und Gründerzeitbauten. Hier wird einem klar, warum die meisten der Einwohner Köln so lieben.

WORT DES TAGES

Druus

Draußen

SATZ DES TAGES

Et jitt Saache, do jläuvs et nit.

Sachen gibt's, die kannst du kaum glauben.

FREIZEIT-TIPP DES TAGES

Spazieren Sie durch den Römerpark und essen Sie dann ein Eierplätzchen auf dem Eierplätzchen, einem kleinen Platz, dem die Stadtverwaltung keinen Namen gegeben hat. Die Kölner selbst haben das dann nachgeholt und sich von der ovalen Form des Plätzchens inspirieren lassen.

PROMINENTER DES TAGES

Erich Klibansky (1900–1942)

Ab 1929 letzter Direktor der „Jawne“, der ersten und einzigen weiterführenden jüdischen Schule im Rheinland. Klibansky gelang es, ab 1938 für hundertdreißig seiner Schüler eine Überfahrt nach England zu organisieren und sie so vor dem Holocaust zu retten. Ihm selbst war das nicht vergönnt: Klibansky und seine Familie wurden 1942 in der Nähe von Minsk ermordet. Seit 1990 trägt ein Platz seinen Namen: Er liegt auf dem Gelände des ehemaligen Schulhofs der Jawne.

Tag 76

LEKTION 77 DES TAGES

Und jetzt … das Wetter

Wie Studien ergeben haben, befindet man sich in der Innenstadt von Köln am wärmsten Ort Deutschlands. Allerdings auch an einem der regenreichsten Plätze Europas. Die Eskimos haben Hunderte von Begriffen, um die verschiedenen Nuancen von „Weiß“ zu umschreiben. In Köln ist es ähnlich mit den Abstufungen von „Grau“, der Farbe, in der sich der Kölner Himmel üblicherweise präsentiert:

Aschgrau, Betongrau, Tiefgrau, Mattgrau, Üsseliggrau, Wolkenbruchgrau, Anthrazitgrau, Schmoddergrau, krass Grau, Schmutziggrau, Wolfsgrau, melancholisch Grau, Fahlgrau, brütend Grau, einschläfernd Grau, Steingrau, angebrannte-Kohlsuppenrückstände-am-Topfboden-Grau, Wolkiggrau, Schlotgrau, Oktobergrau, Schiefergrau, Nieselgrau, Wildschweingrau, heftig Grau, Taubengrau, dräuend Grau, Brutalgrau, Grauer-Star-Grau, grollend Grau, Hellgrau, Mausgrau, grüblerisch Grau, Eisengrau, morgens-um-acht-im-Spätherbst-Grau, Feldgrau, Giftgrau, zwei-Wochen-alter-Schneematsch-Grau, Zementgrau, Depressivgrau, Schwarzgrau, afrikanische-Elefanten-Grau, Trübgrau, Grafitgrau, Regengrau, Zahnsteingrau, Qualmgrau, Blässlichgrau, Novembergrau, Nilpferdgrau, DDR-Grau, Gewittergrau, selbstmordgefährdend Grau, Niedergrau, chemieabfallverseuchtes-Gewässer-Grau, Schleimgrau, Felsgrau, vollkrass Grau, Schattengrau, Kloakengrau, indische-Elefanten-Grau, megakrass Grau, Düstergrau, Rattengrau, Raucherlungen-Auswurf-Grau, aufgelockert Grau, norwegisch Grau, Rhinozerosgrau, Stahlgrau, Tieftrauriggrau, Granitgrau, Theoriegrau, Finstergrau, Wehrmachtsgrau, definitiv-die-Suizidrate-anschwellen-lassend-Grau, Milchiggrau, Koyotengrau, Nordischgrau,

Haferschleimgrau, gesättigt Grau, Bitterfeldgrau, Februargrau, undefinierbarer-Smoothie-in-dem-irgendwas-Ekliges-zusammengepampt-ist-und-den-ich-auf-keinen-Fall-anrühren-werde-Grau, Nachtgrau, kränklich Grau, niederländisch Grau, Graugrau.

Ihre Aufgaben:
1. Lernen Sie diese Wörter auswendig.
2. Finden Sie ebenso viele Umschreibungen für „schwül".

WORT DES TAGES
Duuv
Taube

SATZ DES TAGES
Wenn et nit ränt, dann dröpp et.
Wenn's nicht regnet, dann tropft es – etwas ist immer.

FREIZEIT-TIPP DES TAGES
Stellen Sie sich auf den Rudolfplatz, starren Sie den Himmel an und wenden Sie die in der Lektion gelernten Umschreibungen für „Grau" korrekt an.

PROMINENTER DES TAGES
Joseph Frings
1942–1969 Erzbischof von Köln. Mit typisch kölscher Lässigkeit in Sachen Gesetzestreue erteilte er in seiner Silvesterpredigt 1946 eine Generalabsolution für Mundraub in der aktuellen Notsituation, vor allem für die illegale Beschaffung von Kohlen. Nur so konnte sich die Not leidende Bevölkerung durch den kältesten Winter des Jahrhunderts bringen. Zum Dank benannte man diese Beschaffungspraxis nach dem menschenfreundlichen Kirchenfürsten: „fringsen".

LEKTION 78 DES TAGES

Melatenfriedhof

Sterben ist nicht jedermanns Sache, und selbst in der modernen Zeit werden dabei noch viele Fehler gemacht. Das muss nicht sein. Niemand Geringeres als der Leiter des Festkomitees des Kölner Karnevals von 1823 e.V., Herr Christoph Kuckelkorn, ist der Mann, der Sie stilvoll unter die Erde bringt. Sollten Sie bei Ihrem Ableben technische Fehler gemacht haben und sich haben vermodern lasen, konsultieren Sie – als Leiche – zunächst Herrn Mark Benecke, vulgo Doktor Made, um sich auf Schmauchspuren und Kriechtiere untersuchen zu lassen. Herr Kuckelkorn aber ist der Bestatter, der Sie vorab schon mal Probe liegen lässt im Sarg. Er berät Sie in musikalischen Fragen, damit Sie post morten keine bösen Überraschungen erleben.

Der islamische und der jüdische Friedhof liegen friedlich nebeneinander in Bocklemünd, denn jetzt ist endlich Ruhe im Karton. Alle anderen lassen sich entweder regional einäschern in Kalk und Zollstock, aber Stil hat nur der Tote, der Melatenerde an seine Haut lässt. Haaach, ist dat schön hier. Zur Einstimmung besuchen Sie eine Führung für Karnevalisten. Die toten namentlich. Bei normalen Sitzungen ist freilich eher das Publikum vor der Bühne tot. Auf Melaten aber sind es Texter, Sänger und klassische Jecke. Bei diesen Führungen werden nicht nur Pappnasen getragen, sondern auch klassische Karnevalslieder mit gedämpfter Stimme gesungen.

Köln in seiner gnadenlosen Toleranz toleriert eben auch zum Beispiel nächtliche Zusammenkünfte von anderen Arten von Totenkulten. Einfachstes Beispiel ist die

Zigeunerprinzessin, die regelmäßig an hohen Zigeunerfeiertagen betanzt wird. Zu erkennen an dem Grabmal in Hausgröße nahe der Aachener Straße. Weiteres, Death-Metal-Zusammenkünfte, Vampirmeetings und was das Studentenviertel noch mehr bietet, wird vom Mantel des Schweigens höflich bedeckt. Kommen Sie nur nicht auf die Idee, dass Sterben in Köln etwas Schlimmes ist. Alle freuen sich darauf. Wieso? Schauen Sie WDR Lokalzeit, hören Sie Radio Köln, lesen Sie die Kölnische Rundschau – aha, jetzt klingelt's „Joote Früünde sterve zosamme!"

WORT DES TAGES

Jehimmelt

Gestorben

SATZ DES TAGES

Der Minsch hät noh singem Beld der Deuvel zerächjeknuuv.

Der Mensch hat sich nach seinem Bild den Teufel zurechtgemacht.

FREIZEIT-TIPP DES TAGES

Kölsche Bibel lesen, z. B. „Das Evangelium op Kölsch" aus dem J. P. Bachem Verlag.

PROMINENTER DES TAGES

Dirk „Dicki" Bach (1961–2012)

Zu früh gestorben und unvergessen

Tag 78

LEKTION 79
DES TAGES

Köln-Tatort

Wenn Kommissare eine Wurst essen, um die Lösung eines Falles zu besiegeln, soll dies Bodenständigkeit signalisieren. Wenn die Wurstbude vom Drehteam so positioniert wurde, dass die beiden direkt auf den Dom gucken können, soll dies einen Blick auf den Dom signalisieren.

Weitere Trivia gefällig? Der Pathologe im Kölner Tatort wird von einem echten Arzt gespielt. Die natürliche Macke des Kommissars Schenk besteht im Fahren von amerikanischen Autos, die von Kriminellen beschlagnahmt wurden. Nicht realistisch? Stimmt, aber neben dem Dom steht ja auch keine Currywurstbude. Dass ein Polizist hingegen Cowboystiefel trägt, ist mehr als nur realistisch. Haben die Kommissare den Touch von Sozialarbeitern? Ja, das haben sie. Ist das realistisch? Naja, es ist ja ein Fernsehkrimi. Von einem Micky-Maus-Heft erwartet ja auch niemand, dass es philosophische Tiefen hat. Gab es in der echten Kölner Polizei Skandale, seit Bär & Behrendt in der Glotze ermitteln? Na klar, Silvester 2015, Prügelei Eigelsteinwache, Korruption, naja, Folklore eben.

Um den Kölner Tatort in Köln mit Kölnern zu erleben, gibt es die moderne Tradition des Rudelguckens. Kölner machen generell gern Dinge in Rudeln: FC gucken, Karneval feiern, kölsches Liedgut mitsingen, Stauen für den Frieden. Der Vorteil des Rudelguckens besteht darin, sich Dinge erklären zu lassen, die man nicht versteht, sich live zumurmeln zu lassen: „Die Straße da, das ist gar nicht in der Altstadt, das ist in Nippes". Die Notwendigkeit, sich etwas übersetzen zu lassen, besteht jedoch nicht, da Kölsch im Köln-Tatort nur in Form des Biers vorkommt, aber nicht als Sprache.

WORT DES TAGES

Nafri

Im Polizeislang der bundesweit bekannt gewordene Begriff für die Nordafrikaner, die gelegentlich Reisende am Hauptbahnhof antanzen.

SATZ DES TAGES

Rache is Currywoosch!

Rache ist kalorienreich, fleischhaltig und schmeckt am besten mit Pommes FC (=rot-weiß)!

FREIZEIT-TIPP DES TAGES

Da das Kölner Polizeipräsidium seltsamerweise keine Besucherführungen anbietet, dienen zwei Punkte neben dem Melatenfriedhof als Point-of-Interest: In der Mechternstraße, einer kleinen Sackgasse, die von der Weinsbergstraße abgeht, lag bis in die Neunzigerjahre die Firma Keime & Leime, die ganz offiziell unterirdisch die Knochen aus den Gräbern holte, denn die im Krieg zerstörte Stadt musste komplett neu zusammengeleimt werden. Gleich nebenan am Gürtel ist die Forensik.

PROMINENTER DES TAGES

Kommissar Klefisch

Ein fiktiver Kommissar, verkörpert von Schauspieler Willy Millowitsch, zurecht völlig vergessen

Tag 79

LEKTION 80 DES TAGES

Das Phantasialand

Sollten Sie Kinder haben, wird Ihnen als Neu-Kölner eines nicht erspart bleiben: ein Familienausflug ins Phantasialand bei Brühl. Das klingt zunächst nach einer angenehmen Abwechslung, aber die Unternehmung hat zwei grundlegende Nachteile:

1. Sie wird Sie finanziell ruinieren.
2. Sie wird Sie nervlich ruinieren.

Davon mal abgesehen, wartet ein toller Tag auf Sie und Ihre Liebsten, nachdem Sie den Schock am Kassenschalter überwunden und angesichts der finanziellen Schieflage, in die Sie gerade geraten sind, in Gedanken Ihre Urlaubsreise nach Florida zu einem Campingwochenende am Möhnesee downgegradet haben. Wenn man es allerdings genau nimmt, wartet vor allem ein toller Tag auf Ihre minderjährigen Begleiter. Vor einigen Jahrzehnten noch waren die Attraktionen so angelegt, dass man auch als Senior, das heißt als Mensch über einundzwanzig, Spaß haben konnte. Man schipperte gemütlich mit dem Piratenboot einen See entlang oder mit der Geisterrikscha oder einer Tausendundeiner-Nacht-Gondel durch putzig animierte Puppenwelten.

Das alles ist Geschichte – das Phantasialand besteht inzwischen fast ausschließlich aus Attraktionen, die so halsbrecherisch und teuflisch sind, dass nur die überhitzte und thrillsüchtige Psyche eines Teenagers nicht daran zerbricht. Trotzdem müssen Sie natürlich einen Gesichtsverlust vermeiden – also reihen Sie sich in die Schlangen der Eltern ein, die todesmutig neben ihren euphorisch krähenden Gören stehen und versuchen, ihre Panik durch ein maskenhaft erstarrtes Lächeln zu überspielen. Praktizieren Sie eine aktive Vorwärtsverteidigung, indem Sie Ihre Nachkommenschaft in die Rippen stoßen und voller Vorfreude ein „Ich kann's kaum noch erwarten!" hören lassen.

Was die anschließende Fahrt angeht – zum Glück sind auch die Preise in den Restaurants so bizarr überzogen, dass Sie jederzeit eine Ausrede haben, um auf eine Nahrungsaufnahme zu verzichten. Und genau das sollten Sie tun! Glauben Sie uns!

WORT DES TAGES

Tummeleut

Purzelbaum

SATZ DES TAGES

Do krisste en Aap!

Da kriegst du nen Affen!
Ausruf der Fassungslosigkeit

FREIZEIT-TIPP DES TAGES

Muss es denn wirklich immer der Adrenalin-Overkill sein? Gehen Sie in den Rheinpark oder auf die Poller Wiesen und üben Sie mal wieder Radschlagen oder wenigstens die Rolle vorwärts. Sie werden sehen, das ist turbulent genug.

PROMINENTER DES TAGES

Michael Jackson (1958–2009)

Musikalisch hinkte er Bands wie den Paveiern, Kasalla oder Brings natürlich weit hinterher. Das zeigt sich schon daran, dass es nicht einen einzigen vernünftigen Karnevalsschlager von ihm gibt. Hat aber trotzdem Bedeutung für die Nachwelt und wird unvergessen bleiben, da er 1996 den Colorado Adventure Ride im Phantasialand eingeweiht hat.

LEKTION 81
DES TAGES

Die Heinzelmännchen

Als Kölner sollten Sie natürlich über diese für das Selbstverständnis der Einheimischen zentrale Geschichte Bescheid wissen: Irgendwann im tiefsten Mittelalter tauchten plötzlich kleine Wichtel in Köln auf, die man aus ungeklärten Gründen als Heinzelmännchen bezeichnete. Die Kerlchen agierten ausschließlich nachts und nahmen den schlafenden Bürgern sämtliche Arbeiten ab. Sobald man aufwachte, war schon das gesamte Tagwerk getan. Das führte zu paradiesischen Zuständen – bis irgendwann die neugierige Frau des Schneiders Erbsen ausstreute, auf denen die Gnome ausrutschten und lautstark die Treppe herunterpolterten, wo sie dann von der herbeigeeilten Dame des Hauses schamlos begafft wurden. Das nahmen die Zwerge übel – sie verschwanden ab sofort aus dem Leben der Bürger und entschieden sich für eine Zweitkarriere als Gartenzwerge. Jetzt mussten alle wieder selbst anpacken. (Wir wissen nicht, was aus der Schneidergattin geworden ist, aber möglicherweise war dies ja die Geburtsstunde der Hexenverbrennungen – verdenken könnte man es den Kölnern nicht.)

Kurzfristig war diese Episode natürlich ein Segen für die Stadt Köln – langfristig gesehen aber ein Fluch. Die Bürger hatten sich nämlich an die tiefenentspannte Einstellung zum Produktionsprozess gewöhnt und steckten von nun an all ihre Energie in die kreative Entwicklung von Stressvermeidungstaktiken (Küsst de hück nit, küsst de morje; Et kütt wie et kütt; Wat net es, dat kann noch wäde usw.). Die zwangsläufige Folge: Mit der Wirtschaft ging's bergab. Das geht so weit, dass Ökonomen und Stadtplaner heute der Ansicht sind: Soll jemals die Nord-Süd-U-Bahn zu Ende gebaut, das Opernhaus fertig saniert, Ebertplatz und Breslauer Platz vernünftig umgestaltet werden, so gibt es dafür nur eine einzige realistische Chance: die Rückkehr der Heinzelmännchen. Vorbeugend hat der Rat schon einmal ein stadtweites Aufenthaltsverbot für Schneidergattinnen verhängt – zweifellos die rationalste Entscheidung, die man seit Langem getroffen hat.

WORT DES TAGES

Wiev

Weib, Ehefrau

SATZ DES TAGES

Und eh ein Faulpelz noch erwacht,
war all sein Tagwerk bereits gemacht.

FREIZEIT-TIPP DES TAGES

Machen Sie mal einen Ausflug ins Siebengebirge. Da kommt die Heinzelmännchensage nämlich her.

PROMINENTER DES TAGES

Heinrich Renard (1868–1928)

Kölner Architekt des Späthistorismus. Baute die Marienkirche auf dem Berg Zion. Sein Meisterstück aber war natürlich der Heinzelmännchenbrunnen vorm Brauhaus Früh am Dom.

LEKTION 82 DES TAGES

MediaPark

Modern, mit Tradition, beliebt bei Jung und Alt, einzigartig, rekordverdächtig – wenn man Sie fragt, ob Sie den MediaPark kennen, sprudeln Sie voller glühender Begeisterung über den beliebigen Haufen Stahlbeton mit Glasfassaden. Hier können Sie in prachtvoller Manier Ihre eigene Toleranz unter Beweis stellen und ablesen, wie tolerant Kölner im Ummünzen und Umnutzen sind.

In den MediaPark sollten Medienfirmen ziehen, taten es auch. Und wenn sie nicht hierherzogen, dann gründete eben die Stadt welche, damit sie es taten. EinsLive und Radio Köln sendeten von hier und senden nun von woanders. Woanders ist es eben auch schön.

Sie erleben den MediaPark ganz einfach in seiner ganzen Gänze mit folgendem Masterplan: Lassen Sie sich bei einem der örtlichen Kredithaie einen Kredit geben, indem Sie ihm vorgaukeln, internationaler Filmproduzent zu sein. Ray-Ban-Sonnenbrille aufsetzen, unverständlich nuscheln – fertig ist die Laube. Mieten Sie ein überteuertes Loft in der Wohnwurst und lassen Sie sich beim Preis behumsen. Das spricht sich rum und Sie bekommen vor Ort überall Kredit. Fangen Sie in der Schönheitsklinik an, schwupps, melden sich die ersten Start-upper und wollen Beiträge für Sie machen und ins „Netz“ stellen. Erklären Sie den Ewigstudenten, dass Sie grundsätzlich nur für Ihr eigenes Netz zu sprechen sind. Laden Sie die wichtigsten Windhunde von vor Ort ins Restaurant Osman im KölnTurm ein und fragen Sie unschuldig, wieso der KölnTurm nicht CologneTower heißt. Wenn Sie genug

Schampus intus haben, nutzen Sie den Tretschwan auf dem Teich und gurken Sie eine Runde: Die ersten Express-Heiopeis werden alsbald die „heißesten Aufnahmen des verrückten Millionärs“ für die Titelseite machen. Kündigen Sie eine Filmpremiere im Cinedom an, betonen Sie gegenüber der Reportermeute, die Ihnen mittlerweile bis aufs Klo folgt, dass Sie Til Schweiger abgesagt hätten. Nach dem Premierentermin Ihres internationalen Superprojekts gefragt, lachen Sie und fragen scheinheilig: Wie lange hat man am MediaPark gebaut? Immerhin: Siebzehn Jahre sind ein Pappenstiel im Vergleich zur Bauzeit des Doms. Man wird Sie im MediaPark nicht so bald vergessen. Zwei Wochen lang.

WORT DES TAGES

Erussklamüsere

Durch Nachgrübeln herausfinden

SATZ DES TAGES

Sollen wir zusammen 'ne Firma gründen?

FREIZEIT-TIPP DES TAGES

Die längste Rolltreppe Kölns im Cinedom fahren, die längste Rutschbahn Kölns rutschen (hinter der Wohnwurst) und den mit 3,25 Meter Wassertiefe zweitflachsten Teich Kölns leer angeln.

PROMINENTER DES TAGES

Ingo Appelt

Hatte hier mal seine Drittwohnung ...

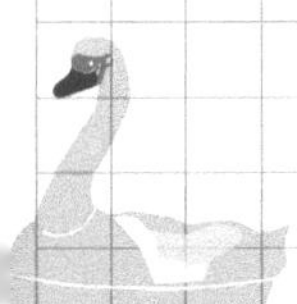

Tag 82

LEKTION 83 DES TAGES

Wir bereiten einen Rheinischen Sauerbraten zu

Beim Soorbrode, dem Rheinischen Sauerbraten, dreht sich alles ums Fleisch und die Soße. Dazu gibt's Klöße und Apfelkompott, vielleicht auch Rotkohl, das interessiert weniger. Das Fleisch braucht erst mal drei Wochen. So lange lassen Sie es im Kühlschrank in einer Marinade aus Essig, Wein und Gewürzen liegen. Der nächste Schritt: sich erinnern – da war doch was in meinem Kühlschrank? Dann: Braten, zusammen mit Zwiebeln, Printen, Rosinen und Rübenkraut, für die Soße.

Früher verwendete man Pferdefleisch. Pferdefleisch ist zart, schmeckt super und hat sich vielfach bewährt. Zum Beispiel servierte man im Bundesgästehaus auf dem Bonner Petersberg 1990 Michael Gorbatschow, Maggie Thatcher und François Mitterand eine Portion Rheinischen Sauerbraten. Als die Politiker sich entsetzt darüber zeigten, was sie da verdrücken sollten, kam es zu einem historischen Deal: Die drei stimmten der deutschen Einheit zu, dafür mussten sie ihren Teller nicht leeressen.

Doch vor einigen Jahrzehnten kam es zu einer dramatischen Wende: Mit Hatatitla und Iltschi, den Pferden von Old Shatterhand und Winnetou, hatte alles angefangen, es folgte „Fury", dann schließlich kam „Black Beauty" und ruinierte den Markt für Pferdefleisch endgültig.

Eine ganze Generation von Schulkindern brach in Tränen aus, als sie erfuhren, dass ihre Eltern sich das Fleisch ihrer behuften Freunde einverleibten, entwickelten ödipale

Komplexe und Essstörungen. Den Leuten blieb nichts anderes übrig, als das Sauerbratenrezept zu überdenken. Man wich zunächst auf Hunde aus, aber die Reaktion der Kinder erwies sich als noch katastrophaler (Danke, „Lassie"). So kam es schließlich zur heute meist bevorzugten und inzwischen auch bewährten Variante: das Rind. Langweilig, aber schmeckt ja auch.

WORT DES TAGES

Pääd

Pferd

SATZ DES TAGES

Besser en Luus em Döppe wie jar kein Fleisch.

Besser eine Laus im Topf als gar kein Fleisch.

FREIZEIT-TIPP DES TAGES

Müssen es denn immer die großen Namen sein – Früh, Gaffel, Malzmühle?

Gehen Sie essen auf der Schäl Sick in Deutz und tauchen Sie ab in die Anonymität, ins „Brauhaus ohne Namen".

PROMINENTER DES TAGES

Alfred Biolek

TV-Legende und Großmeister der angeregten Küchenplauderei

Tag 83

LEKTION 84 DES TAGES

Radio

Unterstützen Sie die Kölner Radiosender. Hören Sie Radio, wo Sie gehen und stehen. Hier ein Entwurf zur sinnvollen Raumaufteilung Ihres neuen Kölner Domizils.

Im Ankleidezimmer läuft WDR 5, denn wirklich wichtige Dinge würden Sie dort nur ablenken. WDR 4 ist bestens geeignet für die Waschküche, wo hauswirtschaftliche Dinge zu erledigen sind. WDR 3 ist ein so unbekannter Sender, dass er sich zweifellos auch im Kartoffelkeller wohlfühlt. Die Gassenhauer der Achtzigerjahre und WDR 2 wollen fraglos Ihre Küche bedröhnen. Eins Live gehört ins Kinderzimmer, die bei Kindermangel auch durch demente Großeltern ersetzt werden können. Der Deutschlandfunk darf sich staatstragend in Ihrem Wohnzimmer ausbreiten. Radio Köln ist allenfalls geeignet für die Gästetoilette, es sei denn, Sie wollen Ihre Gäste auch ein zweites Mal wiedersehen.

Die Krönung Ihres Zuhauses bildet fraglos Kölncampus, das Kölner Hochschulradio von Studenten mit Studenten für Studenten. Natürlich unterstützen Sie die jungen Leute in ihrem Tun. Hören Sie sich die allmorgendlichen Mensatipps an, die den großen Vorteil haben, dass alle genannten Speisen grundsätzlich „lecker" sind. Übertragen Sie die Informationen des „Campuswetters" auf die restliche Stadt und Sie werden eine erstaunliche Parallelität der Dinge vorfinden. Tja, die Musik … Wer wollte nicht morgens zum Wecken schon Drone Doom Metal hören, eine Musikart, die mit knarzenden Eisbergen, Presslufthämmern unter Wasser und dem Brunftruf des Berggorillas erzeugt wird.

Merke: Hören Sie nie Radio Köln. Denn erstens handelt es sich nicht um einen Radiosender, sondern um einen reinen Werbekanal. Zweitens stammen die Gute-Laune-Zombies aus OWL, dem Pott, oder dem Erftkreis. Man sollte eh hellhörig werden, wenn ein Fluss eine runde Form hat. Drittens haben auch Nena, Grönemeyer und Mousse T. mal ein Recht auf Feierabend, also wirklich.

WORT DES TAGES

Törelör

Immer das Gleiche, Gedudel

SATZ DES TAGES

Radio Köln bruchste nit ze hüre, dat is immer dat selve Törelör.

Radio Köln musst du nicht hören, das ist immer dasselbe Gedudel.

FREIZEIT-TIPP DES TAGES

Am Rathenauplatz in das steinerne Kunstwerk den Kopf hineinstecken und die eigene Stimme so hören, wie sie auf dem Mars klingt.

PROMINENTER DES TAGES

Christine Westermann

Imi, macht nicht nur Fernsehen und Lesungen, sondern auch Radio.

Kölner Museen

Köln ist alt, und was alt ist, riecht nach Museum und Stützstrümpfen. Die meisten Museen sind damit zufrieden, wenn man ein Häkchen hinter sie macht, Rautenstrauch-Joest, Ostasiatisches, Museum Ludwig sind ein Muss. Die wichtigsten Adressen sind natürlich das Karnevalsmuseum, dort vergessen Sie aber vor lauter Euphorie alles sofort wieder. Zum Ernst des Lebens: Das Senfmuseum dient dem Verkauf von Senf. Sie nehmen beim ersten Mal einen Kiloeimer mit und haben damit gleich für Ihre ganze männliche Bagage Weihnachtsgeschenke. Die weibliche Bagage beschenken Sie natürlich mit 4711, also noch gemeiner. Wenn Sie frisch vom Karnevalsmuseumsshop kommen, tragen Sie sicher gerade das richtige Kostüm, aus der Zeit des Herrn Farina, um an einer Kostümführung teilzunehmen. Herrlich, das ist kölscher Humor.

Nun schreiten Sie zum Höhepunkt. Zum Schokoladenmuseum. In vollem Kostüm mit Rokokoperücke, mit einer Stofftasche, mit einem Kiloeimer aus dem Senfmuseum bewaffnet, acht Meilen gegen den Wind nach Kölnischwasser stinkend betreten Sie den kühnen Glas-Beton-Mix am Rheinufer und grölen „Kölle Alaaf, Schokomuseum-Alaaf!“ Sie werden nicht lange alleine bleiben, denn der Sicherheitsdienst entfernt Sie mit Kusshand. Zwei Wochen später kehren Sie reumütig zurück und geloben, ein Jahresticket zu kaufen, das Schokomuseumscafé leerzutrinken, den Museumsshop zu plündern und die XXL-Führung zu buchen. Wundern Sie sich gebührend über den Schokobrunnen, wo ja „echte“ Schokolade drin ist. Beneiden Sie die Maschinenarbeiterinnen, die hinter Glaswänden für den berühmten

Zooeffekt sorgen, nur dass sie weniger popeln dürfen als die Bonobos im Tierpark. Erzählen Sie allen die Geschichte, dass ein ehemaliger Museumsmitarbeiter jetzt Kamelschokolade in Dubai herstellt im Auftrag des Oberscheichs. Beklagen Sie auf dem Nachhauseweg den Verlust des Beatlesmuseums und jubilieren Sie auf dem Heimweg

WORT DES TAGES

Bildcher aanluure

Bilder ansehen

SATZ DES TAGES

Mer muss ooch jünne künne.

Man muss auch gönnen können.

FREIZEIT-TIPP DES TAGES

Besuch in der Josef-Haubrich-Kunsthalle, warum auch nicht.

PROMINENTER DES TAGES

Josef Haubrich

Reich geboren, reich gestorben, schenkte der Stadt seine Kunstsammlung nach dem Krieg. Seine Großtat war, vor allem „entartete Kunst" vor den Nazis zu retten.

Tag 85

LEKTION 86
DES TAGES

Tanz, Mariechen, tanz!

Das Tanzmariechen im Karneval gibt es, seit es die Funken gibt – man parodierte nicht nur die Soldaten, sondern auch die Marketenderinnen, die sie begleiteten und ihnen allerlei Kram (und im Zweifelsfall sich selbst) verkauften. Und die wurden „Mariechen" gerufen.

Am Anfang wurden die Mariechen von Männern in bodenlangen schweren Kleidern dargestellt. Die hatten einen lockeren Job, sie mussten einfach nur hinter den Soldaten herreiten. Doch dann spalteten sich Ende des neunzehnten Jahrhunderts die blauen Funken ab und machten dem Traditionskorps Konkurrenz. Die mussten sich jetzt etwas einfallen lassen, und bald darauf begannen die Mariechen zu tanzen, teils allein, teils im Paar mit einem feschen Tanzoffizier. Die Neuerung schlug super ein, die blauen Funken zogen bald nach. Doch immer noch fehlte bei der Nummer etwas Entscheidendes – Frauen.

Dann kamen die Nazis und hatten einen ihrer seltenen Lichtblicke: Sie verboten das Auftreten von Männern in Frauenkleidern, um das Entstehen homosexueller Umtriebe in Köln zu verhindern.* Von nun an schwangen echte kölsche Mädchen das Tanzbein. Die Präsidenten der Karnevalsgesellschaften reagierten sofort mit einer neuen Regel, nach der der jeweilige Präsident das Marieche bützen (also küssen) darf. Von da an waren die Chancen auf die Rückkehr männlicher Tanzmariechen auf null gesunken.

*Das war natürlich ein absurder Plan. Der Griff nach der Weltherrschaft hatte realistischere Erfolgschancen.

Ebenso wichen die bodenlangen Kleider aparten Miniröckchen, und bald nach dem Krieg wurde aus dem gepflegten Bodentanz eine immer sportlichere Darbietung. Heute ist das akrobatische sexy Funkenmariechen eine zentrale Figur im Fastelovend. Dabei dürfen sich streng genommen nur die Tänzerinnen der Funken so nennen, bei den Garden nennt man sie Regimentstochter, bei anderen Gruppen Staubflöckchen oder Kathrinchen. Doch „streng genommen" existiert nicht im kölschen Wortschatz – und so ist der Karneval voller Tanzmariechen. Zum Glück!

WORT DES TAGES
Bütze
Küssen

SATZ DES TAGES
Marieche, Marieche, wo es dann dinge Jung?
Maria, Maria, wo steckt denn dein Lebensabschnittsgefährte?

FREIZEIT-TIPP DES TAGES
Verblüffen Sie Ihre Kollegen im Büro, indem Sie einen Doppelsalto rückwärts mit drei Längsachsendrehungen und einen gehockten Temposalto mit zweieinhalbfacher Schraube präsentieren. Aber Vorsicht: Gucken Sie sich vorher auf Youtube genau an, wie's geht.

PROMINENTER DES TAGES
Cäcilie („Cilly") Aussem (1909–1963)
Geboren in Köln, war zwar kein Funkenmariechen, aber trotzdem ziemlich sportlich: Sie gewann 1931 als erste Deutsche das Turnier in Wimbledon.

LEKTION 87 DES TAGES

Weihnachtsmarktbesuch

Kölsche haben Hätz. Was nicht Hetz heißt. Was heißt, selbst wenn Sie über einen der Weihnachtsmärkte hinweghetzen wollten, täten Sie es mit Herz.

Zuhause üben Sie in den Monaten vor der Großkampfphase den smoothen Acht-Zentimeter-Trippelschritt, mit dem Sie sich über Neumarkt, Rudolfplatz und Heumarkt voranschlurfen werden. Bald schon haben Sie es raus, wie man gleichzeitig (1) Glühwein hält, (2) kölsches Weihnachtsliedgut mitbrummt, (3) den einen oder anderen Entgegentrippelnden mit großem Hallo grüßt, auch wenn Sie ihn noch nie gesehen haben, (4) keine Miene verzieht, wenn Ihnen der siedendheiße Glühweinklebstoff über die Hand läuft.

Aus dem Stand lernen Sie, vor dem ersten Advent die derzeit zwölf Kölner Weihnachtsmärkte herunterzubeten. Sie unterscheiden mühelos den Märchenmarkt am Hahnentor von der Feuerzangenbowle am Chlodwigplatz vom Alternativmarkt im Stadtgarten, und natürlich schwärmen Sie besonders für die „Christmas Avenue“, denn das Schwul-Lesbische gehört nun mal zu Kölle: Stichwort Tannenzapfen mit Kugeln dran. Kleidercode: Blinkendes Rentiergeweih aus Plüsch auf dem Kopf, gern Haie- oder FC-Trikot. Denn Sie „unterstützen“ ja so jään. Den Einzelhandel, die malerischen Budenbesitzer, die Sportvereine, und natürlich die Pänz. Unauffällig werfen Sie etwas Klimperndes in jede Sammelbüchse, die Ihnen entgegengehalten wird, und murmeln laut genug: „Et hätt nit jeda so juut wie mir, nä?“ Sie streicheln jeden Esel, dessen Sie habhaft werden können. Wer weiß, vielleicht ist er um drei Ecken mit Geißbock Hennes verwandt. Spätestens wenn Sie am Glühweinstand unbedingt noch einen dritten Absacker wollen, die Bringsversion von „Leise rieselt der Schnee“ mitheulen, wissen Sie, wenn kein Karneval ist, sollte wenigstens Weihnachtsmarkt sein!

WORT DES TAGES
Muuzemändelche
Aus süßem Teig in Fett gebacken, ursprünglich mal ein typisches Karnevalsgebäck, heutzutage natürlich auch zu anderen Zeiten zu haben.

SATZ DES TAGES
Are you the first time in Cologne?

FREIZEIT-TIPP DES TAGES
Kettenkarussell, am besten gleich eine Zehnerkarte nehmen.

PROMINENTER DES TAGES
Rudolf Rentier am Rudolfplatz

Tag 87

LEKTION 88 DES TAGES

Retten Sie das Krätzchen

Vielleicht gehören auch Sie zu den Neu-Kölnern, die ihre neue Heimat toll finden, aber die irrational-haltlose Begeisterung, mit der die Einheimischen den Karnevalsschlager abfeiern, nicht teilen können? Sie finden, dass Karnevalsmusik die musikalische Version des Films „Und täglich grüßt das Murmeltier" ist: Ein und derselbe Song kommt immer und immer und immer wieder, nur leicht variiert? Und Sie trauen sich natürlich nicht, das jemandem zu sagen, weil Sie Angst haben, dass man Sie sonst aus der Stadt wirft.
Dann besuchen Sie doch mal einen Krätzchenabend.

Krätzchen nannte man ursprünglich eine lustige, kleine Erzählung, länger als ein Witz, kürzer als ein Verzällcher, die oft von einem Streich handelt (den man ökonomischerweise ebenfalls als „Krätzchen" bezeichnete). In Köln blieb es natürlich nicht lange beim Erzählen: Man fing irgendwann an, die Geschichten zu singen, und wo man schon mal dabei war, packte man das alles gleich in Reimform, das kannte man ja schon von den Büttenreden. Das Krätzchen war geboren, kleine Songs aus dem Alltagsleben, mal lustig, mal nachdenklich, meist instrumental nur spärlich begleitet mit Flitsch und Quetsch (Mandoline und Akkordeon).

Ihre Blütezeit erlebte die Liedform zwischen den Weltkriegen, als viele arbeitslos gewordene Kölner sich als Kleinkünstler ein paar Groschen dazuverdienten. Heute aber hat es das Krätzchen schwer gegen die übermächtige Konkurrenz der Karnevalsgassenhauer – die lakonischen, manchmal melancholischen Lieder werden zwar auch immer noch im

Karneval gespielt, eignen sich aber einfach nicht dazu, sie sturzbesoffen mitzugrölen. Und so droht diese originale und urige Form echter Volksmusik langsam auszusterben. Das ist Ihre Chance: Werden Sie zum Krätzchenfan und damit zu einem echten kölschen Traditionalisten. Mehr Lokalpatriotismus geht einfach nicht!

WORT DES TAGES

Verzällcher

Humorvolle, kleine Erzählung

SATZ DES TAGES

Du Ei! (Kölsch)

Du Ei! (Hochdeutsch)

FREIZEIT-TIPP DES TAGES

Eine kleine Herausforderung: Besuchen Sie das Jupp-Schmitz-Denkmal (kleine Eselsbrücke für die Suche: Es befindet sich am Jupp-Schmitz-Plätzchen). Setzen Sie sich davor, schauen sie fünf Minuten genau hin und beantworten Sie dann folgende Frage: Wie kam Jupp Schmitz zu seinem Spitznamen „Schnäuzer“?

PROMINENTER DES TAGES

Jupp Schmitz (1901–1991)

Einer der beliebtesten Kölner Krätzchensänger, seine bekanntesten Werke gehören allerdings eher zur schmissigen Kategorie: „Am Aschermittwoch ist alles vorbei“, „Wer soll das bezahlen?“ und „Es ist noch Suppe da“.

Tag 88

LEKTION 89
DES TAGES

Schäl Sick hardcore – Preußen und Westfalen

Im Jahr 1815 kam es für die Kölner ganz dicke: Nach der Vertreibung der Franzosen wurde den Preußen das Rheinland und damit auch Köln zugeschlagen. Die neuen Herren waren unbequem, lästig und bestanden idiotischerweise darauf, dass sich „Cöln“ mit C schreibt. In Köln wunderte man sich nicht über so viel Dämlichkeit: Preußen liegt nun mal auf der Schäl Sick – was will man da schon erwarten?

Zunächst versuchten die Kölner, sich über ihre neuen Chefs lustig zu machen, doch auf Dauer war es zu mühsam, den humortechnisch minderbegabten Preußen dauernd die Witze zu erklären, mit denen man sie verarschte. Und immerhin: Die Preußen brachten nicht nur die Wirtschaft zum Florieren sondern hinterließen den Kölnern auch ein wichtiges kulturelles Erbe: Die preußisch-beamtische Figur des Polizisten „Schnäuzerkowski“ („Der ganze Platz ist verhaftet!“), ohne die das Puppenensemble des Hänneschen-Theaters einfach unvollständig wäre.

Offiziell gehörte Köln bis zum Ende des Zweiten Weltkriegs zu Preußen, dann war man endlich frei, jubelte kurz – und bemerkte entsetzt, dass man vor lauter Begeisterung nicht richtig aufgepasst hatte. Nur so konnte es geschehen, dass man auf die Frage

„Hey, Rheinländer zusammen mit Westfalen, wäre das nicht ein cooles neues Bundesland?“

nicht mit einem energisch gebrüllten

„Seid ihr wahnsinnig geworden? Kommt nicht in die Tüte!“

antwortete.

Die Westfalen hatten eine Menge negativer Eigenschaften: Fleiß, Disziplin und – das schlimmste – trockenen Humor. Diesmal waren es die Kölner, die die Witze nicht verstanden. Mit der Zeit lernte man, das alles hinzunehmen. Das allergrößte Problem aber existiert bis heute: Die Westfalen sind ganz verrückt nach Köln und ziehen in Scharen her. Gegen so viel Liebe ist selbst der Rheinländer machtlos.

WORT DES TAGES

Freese

Frösteln

Gemeint ist das kalte Grausen, das einen überkommt, wenn man einen schrecklichen Menschen sieht.

SATZ DES TAGES

Dat es ene janz abstrakte Minsch.

Das ist ein ganz abstrakter Mensch.

Bezeichnung für einen, der geschwollen und abgehoben daherredet.

FREIZEIT-TIPP DES TAGES

Sie wollen etwas über die Preußen in Köln erfahren? Oder *irgendwas,* das mit Köln zu tun hat? Warum lesen Sie dann die ganze Zeit in diesem Buch rum, Sie Stubenhocker? Raus mit Ihnen! Im Stadtmuseum erfahren Sie alles, was Sie wissen wollen! Da hätten Sie aber auch längst schon selbst draufkommen können.

PROMINENTER DES TAGES

Karl Marx (1818–1883):

Er arbeitete 1842/43 in Köln zunächst als freier, dann als Chefredakteur für die liberal-preußenkritische „Rheinische Zeitung", bevor diese „Hure vom Rhein" (König Friedrich Wilhelm IV.) verboten wurde.

Tag 89

LEKTION DES TAGES 90

Wie wähle ich richtig? Extra: Mit Tipps zur OB-Wahl

Nanu, eine neue Vokabel. Klüngel, der: Wenn mehrere etwas miteinander tun, was andere nicht wissen sollen, weil sie es eigentlich nicht dürfen, aber am nächsten Tag steht es im Express. Das nennt man Klüngel.

Die allseits gastliche, offene, herzliche und freundliche Stadt heißt jeden willkommen, der akzeptiert, dass seit Jahr und Tag alle Parteien dieselbe Politik machen. So weit, so einfach. Jetzt wird diese Politik aber von ganz verschiedenen Köppen verkörpert. **Merke:** Kopp ist nicht gleich Kopp. Trotzdem ist dasselbe drin. Uiuiui, Sie merken schon, Politik ist gar nicht so leicht.

Sie versuchen zum Beispiel, über die Website der SPD deren Forderungen zu erfahren und surfen und schlurfen ziellos auf den Seiten herum, bis Sie merken, dass Sie über einen Link bei Schwarz-Grün gelandet sind. „Ach!“, entfährt es Ihnen. Stimmt ja, zurzeit regiert Schwarz-Grün. Die SPD will inzwischen, dass die Fraktion im Stadtrat mitreden darf, wer welchen Job bei der Verwaltung kriegt. Neu ist das nicht, aber neu ist, dass man das offen fordert.

Frau Reker angriffslustig rhetorisch geschliffe
Charme für sozialen Frieden überzeugter Karnevalsjeck
Herr Ott konfliktbereit guter Redner charismatisch
für sozialen Ausgleich mag Karneval

Was also tun Sie, wenn es richtig ernst wird und OB-Wahlen anstehen? Sie besuchen öffentliche Veranstaltungen und vergleichen, was im Kölner Stadt-Anzeiger steht.
Die Verführung ist unheimlich groß, bei so vielen sympathischen Kandidaten einfach bei jedem ein Kreuz zu machen – doch halt! Das darf man nicht, nicht mal in Köln. Auch wenn die Zeitungen schreiben: So will die sympathische Ur-Kölsche OB werden. Oder: So will der sympathische Imi OB werden.

Hier die wichtigsten Tools für eine OB-Wahl:

1.) Kuli
2.) Würfel
3.) Taxifahrer, der einen todsicheren Geheimtipp hat

WORT DES TAGES

Klüngel

Eigentlich eine Art Wollknäuel, ein Gewirr, bei dem viele Fäden durcheinanderlaufen. Etwas, das man von außen nicht durchschauen kann.

SATZ DES TAGES

Mer kennt sisch, mer hilft sisch.

Man kennt sich, man hilft sich.

FREIZEIT-TIPP DES TAGES

Besuch am Dreikönigenschrein inklusive Diskussion mit Pilgern, ob die drei Verstaubten darin echt sind.

PROMINENTER DES TAGES

Josef Esch

Namensgeber des Oppenheim-Esch-Fonds

Tag 90

Bibliografische Information der Deutschen Nationalbibliothek
Die Deutsche Nationalbibliothek verzeichnet diese Publikation in der Deutschen Nationalbibliografie; detaillierte bibliografische Daten sind im Internet über http://dnb.d-nb.de abrufbar.

Einband: Kay Bach, HOX designgroup. Köln
Layout und Illustrationen: Iris Wirker, Droste Verlag
Köln-Silhouette Seite 6/7 © Michael Purtz/fotolia
Druck und Bindung: CPI – Clausen & Bosse, Leck
ISBN 978-3-7700-1592-4

www.drosteverlag.de